LUIZ FERNANDO EHMKE

Dicionário do Microempreendedor Individual- (MEI)

Sumario

1. O Que é MEI.
1.1 – Impostos aplicados ao MEI.
2 – Formas de Desenquadramento do MEI.
2.1 – Por Inciativa do Contribuinte.
2.2 Por Iniciativa do Fisco.
2.3. Efeitos do Desenquadramento por Excesso de Receita.
2.4 Infrações E penalidades.
2.5 Das Obrigações Acessórias.
3. Princípios Fundamentais X MEI
3.1. Conceitos e Objetivos da Contabilidade.
4. Conceituação de Plano de contas.
4.1. Plano de contas simplificado
4.2 Modelos de Plano de Contas
5. Demonstrações Contábeis.
5.1 Balanços Patrimoniais
5.2 Demonstrações do Resultado do Exercício.
6. Contabilidade Gerencial.
6.1 Contabilidades Financeiras.
6.2 Relatórios Gerenciais.
6.2.1 Relatório de Contas a Receber.
6.2.2 Relatório de Contas a Pagar
6.2.3 Livro Caixa.
7. Conceito de custos
7.1 Classificação Custos Fixo e Variável
7.1.2 Ponto de Equilíbrio e Margem de Contribuição
7.1.3 Formação de Preço MARK-UP
8. Controle de Estoques
9. Facebook como Ferramenta de Marketing
10. Capitalização Simples e Composta.
11. Orçamento empresarial
12. Tecnologia na Gestão.
13. União faz a força!

Notas do Autor

Este livro foi elaborado a partir da legislação vigente a fim de traduzir os principais pontos de forma simples, elencar os direitos e obrigações dos empreendedores individuais, elucidar as vantagens oportunizando dicas para se tornar um Micro empreendedor individual – (MEI).

Com Intuito de garantir a confiabilidade das informações transformando-as em relatórios gerenciais buscou-se nos princípios fundamentais da contabilidade paramentos e justificativas de que ate os Micros empreendedores individuais - (MEI) possam dispor de uma contabilidade, mais simples, utilizou-se como referencia a Instrução Técnica Geral (ITG) 1000, pois onde houve uma adaptação do Plano de Contas e Demonstração do Resultado do Exercício – (DRE) disponibilizado neste livro.

Dentre os assuntos cabe ressaltar que será disponibilizado algum site para buscar e implantação de sistemas de gestão, pois estamos em um mundo globalizado onde o mercado esta dispondo de ótimas ferramentas inexploradas exploradas requerendo baixo investimento, mas por falta de conhecimento e divulgação são pouco exploradas.

Cabe ressaltar que este livro será baseado em valores hipotéticos e mutáveis conforme alteração temporal, pois podemos sofrer alterações nas leis que vem sempre buscando readequar para melhor elucidar alguma interpretação falha por meio de sua publicação, mas ate o presente momento não se observou mudanças na essência e/ou forma da aplicação.

Será abordada a parte de legislação vigente ao Micro empreendedor individual – (MEI) onde extraídos os principais pontos do qual dispõem maior interesse aos mesmos, tendo como maior foco a criação de modelos contábeis para utilização na gestão de seus negócios e/ou implantação de um software automatizando a gestão, objetivando garantir uma informação de qualidade de forma simples e rápida.

Através do livro o Micro empreendedor individual – (MEI) poderá buscar informações de suma importância onde se aborda conceitos de contabilidade e Administração passando por suas ramificações possibilitando assim a junção das mesmas com isso oportunizou a criação de relatórios do quais utilizados na rotina administrativa da empresa pode-se definir como um manual a ser seguindo atendendo as necessidades de conhecimento nas gestões empresarial.

1. **O que é MEI.**

Para iniciarmos o livro temos que ter em mente o significado da sigla MEI como podem observar é abreviação de

Microempreendedor Individual sendo assim esta sigla será muito utilizada no decorre deste livro.

O MEI é toda pessoa que trabalha por conta própria que ao se formaliza em empreendedor individual configura-se em empresário e perante o art. 966 da Lei nº 10.406, de 10 de janeiro de 2002 - Código Civil, reproduzido abaixo:

Art. 966. Considera-se empresário quem exerce profissionalmente atividade econômica organizada para a produção ou a circulação de bens ou de serviços.

Parágrafo único. Não se considera empresário quem exerce profissão intelectual, de natureza científica, literária ou artística, ainda com o concurso de auxiliares ou colaboradores, salvo se o exercício da profissão constituir elemento de empresa.

Mas a figura do MEI criou forma com a aplicação da Lei Complementar nº 128, de 19/12/2008 aonde veio criar condições especiais de trabalho e definir regras a serem seguidas:

Vantagens que o MEI oferece são Cadastro Nacional de Pessoa Jurídica (CNPJ) onde facilita a abertura de contas em banco, permite a emissão de notas ficais e aposentadoria, auxilio maternidade, auxilio doença entre outros.

Desvantagens dos MEI a aposentadoria é com um salario mínimo e seu faturamento fica limitado a R$ 6.750,00 mês ou R$ 81.000,00 ano alteração amparada pela *LEI COMPLEMENTAR Nº 155, DE 27 DE OUTUBRO DE 2016* dificuldades em obter treinamentos e produtos financeiros próprios.

Um ponto que devemos observar são as legislações municipais quanto a parte de alvará, IPTU, Taxa de lixo, dentre outras isso porque pagamos algumas destas anualmente e como se fossemos empresas do simples ou empresa normal.

1.1. Impostos aplicados ao MEI.

O MEI ira optar para o recolhimento de seu imposto com valores fixos mensais abrangidos pelo Simples Nacional (SIMEI), isso independente da receita bruta auferida no mês desde que respeito os valores e limites definidos pela Lei Complementar 139/2011, seu pagamento se dará por meio do Documento de Arrecadação do Simples Nacional (DAS) que pode ser tirados todo mês ou de uma única vez no site: http://www8.receita.fazenda.gov.br/SIMPLESNACIONAL/Servicos/Grupo.aspx?grp=t&area=2

Com a opção pelo SIMEI:

I – Será irretratável para todo o ano-calendário;

II – para a empresa já constituída, devera ser realizado no mês de janeiro, ate seu ultimo dia útil, produzindo efeitos a partir do primei dia do ano-calendário da opção.

VALORES DEVIDOS A PARTIR DE 01.01.2014

I - R$ 36,20 (trinta e seis reais e vinte centavos), a título de contribuição para a Seguridade Social, relativa à pessoa do empresário, na qualidade de contribuinte individual;
II - R$ 1,00 (um real), a título de ICMS, caso seja contribuinte desse imposto;

III - R$ 5,00 (cinco reais), a título de ISS, caso seja contribuinte desse imposto.

SENDO ASSIM EXISTEM TRES VALORES DE DAS

1º Para comercio ou indústria que não tem serviço será composto por:

I - R$ 39,40 (trinta e seis reais e vinte centavos), a título de contribuição para a Seguridade Social, relativa à pessoa do empresário, na qualidade de contribuinte individual;

II - R$ 1,00 (um real), a título de ICMS, caso seja contribuinte desse imposto;

Gerando uma DAS mensal para recolhimento no valor de R$ 40,40

2º Para empresa que prestam apenas serviços não abrangidos pelo Regulamento do ICMS.

I - R$ 39,40 (trinta e seis reais e vinte centavos), a título de contribuição para a Seguridade Social, relativa à pessoa do empresário, na qualidade de contribuinte individual;

III - R$ 5,00 (cinco reais), a título de ISS, caso seja contribuinte desse imposto.

Gerando uma DAS mensal para recolhimento no valor de R$ 44,40

3º Empresa que tem comercio/indústria e serviços consulados;

I - R$ 39,40 (trinta e seis reais e vinte centavos), a título de contribuição para a Seguridade Social, relativa à pessoa do empresário, na qualidade de contribuinte individual;

II - R$ 1,00 (um real), a título de ICMS, caso seja contribuinte desse imposto;

III - R$ 5,00 (cinco reais), a título de ISS, caso seja contribuinte desse imposto.

Gerando uma DAS mensal para recolhimento no valor de R$ 45,40

PENALIDADE PARA RECOLHIMENTO DO DAS EM ATRASO

Haverá cobrança de juros e multa.

A multa será de 0,33% por dia de atraso limitado a 20%.

Os juros serão calculados com base na taxa SELIC, sendo que para o primeiro mês de atraso os juros serão de 1%.

Após o vencimento deverá ser gerado novo DAS, contendo os valores da multa e dos juros.

REAJUSTES DA CONTRIBUIÇÃO INSS

A contribuição para Seguridade Social na mesma data de reajustamento dos benefícios que tata a LEI nº 8.212/1991, de forma a manter a equivalência com a contribuição da qual trata o §2º do art. 21 da Lei 8.212/1991.

Em observância a legislação pode verificar que a alíquota não ira mudar, mas toda a vez que tivermos o reajuste do salario mínimo pelo governo ira ocasionar um aumento automático no valor do DAS, pois ira aumentar a parte do INSS este valor podemos saber sempre quando o governo federal o divulga nas mídias ou pelo site: http://www.guiatrabalhista.com.br/guia/salario_minimo.htm onde nos traz um histórico.

2. Formas Desenquadramento do MEI.

O Desenquadramento do SIMEI será por oficio ou mediante comunicação do Contribuinte junto aos órgãos competentes conforme (Lei Complementar n º 123, de 2006, art. 18-A, § 6 º) com tudo isto não significa que o mesmo devera sair do Simples Nacional amparado pela (Lei Complementar n º 123, de 2006, art. 18-A, § 14) .

2.1 Por Iniciativa do Contribuinte.

O contribuinte pode por iniciativa pedir o Desenquadramento mediante a comunicação, em aplicativo disponibilizado no portal do simples Nacional, dar-se-á:

i) Por opção, produzindo efeitos: (Lei Complementar n º 123, de 2006, art. 18-A, §7 º, inciso I).

a) a partir de 1º de janeiro do ano-calendário, se comunicada no próprio mês de janeiro ou;
b) a partir de 1º de janeiro do ano-calendário subsequente, se comunicada nos demais meses;

Obrigatoriamente, quando: (Lei Complementar n º 123, de 2006, art. 18-A, § 7º, incisos III e IV).

a) exceder, no ano-calendário, o limite de receita bruta, devendo a comunicação ser efetuada até o último dia útil do mês subsequente àquele em que tenha ocorrido o excesso, produzindo efeitos:

A.1) a partir de 1º de janeiro do ano-calendário subsequente ao da ocorrência do excesso, na hipótese de não ter ultrapassado o referido limite em mais de 20% (vinte por cento);

A.2) retroativamente a 1º de janeiro do ano-calendário da ocorrência do excesso, na hipótese de ter ultrapassado o referido limite em mais de 20% (vinte por cento);

b) deixar de atender qualquer das condições previstas na definição do Microempreendedor Individual, devendo a comunicação ser efetuada até o último dia útil do mês subsequente àquele em que ocorrida à situação de vedação, produzindo efeitos a partir do mês subsequente ao da ocorrência da situação impeditiva; (Lei Complementar n º 123, de 2006, art. 18-A, § 7 º, inciso II).

iii) obrigatoriamente, quando incorrer em alguma das situações previstas para a exclusão do Simples Nacional, ficando o Desenquadramento sujeito às regras desse Regime, conforme relacionado no artigo 73 da Resolução CGSN 94/2011. (Lei Complementar n º 123, de 2006, art. 18-A, § 1 º).

A alteração de dados no CNPJ informada pelo empresário à RFB equivalerá à comunicação obrigatória de Desenquadramento da condição de MEI, nas seguintes hipóteses: (Lei Complementar n º 123, de 2006, art. 18-A, § 17)

- i) Houver alteração para natureza jurídica distinta de empresário individual a que se refere o art.966 da Lei no 10.406/2002; (Lei Complementar n º 123, de 2006, art. 18-A, §§ 1 º e 17)
- ii) Incluir atividade não constante do Anexo XIII da Resolução CGSN 94/2011 ou; (Lei Complementar n º 123, de 2006, art. 18-A, §§ 4 º -B e 17)

iii) Abrir filial. (Lei Complementar n° 123, de 2006, art. 18-A, § 4°, inciso II).

2.2 Pelo Fisco.

O Desenquadra mento do SIMEI por oficio dar-se-á quando: (Lei Complementar n° 123, de 2008, art. 18-A, § 8°):

i) Verificada a falta da comunicação obrigatória, contando-se seus efeitos a partir da data prevista nas alíneas "a" ou "b" do inciso II, do § 2°, do artigo 05 da Resolução CGSN 94/2011, conforme o caso;

ii) Constatado que, quando do ingresso no SIMEI, o empresário individual não atendia às condições necessárias ou prestou declaração inverídica, sendo os efeitos deste Desenquadramento contados da data de ingresso no regime.

O contribuinte desenquadrado do SIMEI passará a recolher os tributos devidos pela regra geral do Simples Nacional a partir da data de início dos efeitos do Desenquadramento (Lei Complementar n° 123, de 2006, art. 18-A, § 9°)

O contribuinte desenquadrado do SIMEI e excluído do Simples Nacional passará a recolher os tributos devidos de acordo com as respectivas legislações de regência.

2.3. Efeitos do Desenquadramento por Excesso de Receita

Na hipótese de a receita bruta auferida no ano-calendário não exceder em mais de 20% (vinte por cento) os limites previstos no art. 91, conforme o caso, o contribuinte deverá recolher a diferença, sem acréscimos, no vencimento estipulado para o pagamento dos tributos abrangidos pelo Simples Nacional relativos ao mês de janeiro do ano-calendário subsequente, aplicando-se as alíquotas previstas nas tabelas dos Anexos I a V, observando-se, com relação à inclusão dos percentuais relativos ao ICMS e ao ISS, a tabela constante do Anexo XIII . (Lei Complementar n º 123, de 2006, art. 18-A, § 10)

2.4. Infrações e Penalidades:

A falta de comunicação, quando obrigatória, do Desenquadramento do MEI do SIMEI nos prazos previstos no inciso II do § 2 º do art. 105 sujeitará o contribuinte a multa no valor de R$ 50,00 (cinquenta reais), insusceptível de redução. (Lei Complementar n º 123, de 2006, art. 36-A).

O MEI que deixar de apresentar a DASN-SIMEI ou que a apresentar com incorreções ou omissões ou, ainda, que a apresentar fora do prazo fixado, será intimado a apresentá-la ou a prestar esclarecimentos, conforme o caso, no prazo estipulado pela autoridade fiscal, e sujeitar-se-á a multa: (Lei Complementar n º 123, de 2006, art. 38).

I - de 2% (dois por cento) ao mês-calendário ou fração, incidentes sobre o montante dos tributos decorrentes das informações prestadas na DASN-SIMEI, ainda que integralmente pago, no caso de falta de entrega da declaração ou entrega após o prazo, limitado a 20% (vinte por cento), observado o disposto neste artigo;

II - de R$ 100,00 (cem reais) para cada grupo de 10 (dez) informações incorretas ou omitidas.

Para efeito de aplicação da multa prevista no inciso I do **caput,** será considerado como termo inicial o dia seguinte ao término do prazo fixado para a entrega da declaração e como termo final a data da efetiva entrega ou, no caso de não apresentação, da lavratura do auto de infração. (Lei Complementar n° 123, de 2006, art. 38, § 1°)

Observado o disposto no § 3° deste artigo, as multas serão reduzidas: (Lei Complementar n° 123, de 2006, art. 38, § 2°)

I - à metade, quando a declaração for apresentada após o prazo, mas antes de qualquer
procedimento de ofício;

II - a 75% (setenta e cinco por cento), se houver a apresentação da declaração no prazo fixado em intimação.

A multa mínima a ser aplicada será de R$ 50,00 (cinquenta reais). (Lei Complementar n° 123, de 2006, art. 38, § 6°)

Considerar-se-á não entregue a declaração que não atender às especificações técnicas estabelecidas pelo CGSN, observado que o MEI: (Lei Complementar n° 123, de 2006, art. 38, §§ 4° e 5°)

I - será intimado a apresentar nova declaração, no prazo de 10 (dez) dias, contados da ciência da intimação;

II - sujeitar-se-á à multa prevista no inciso I do **caput** deste artigo, observado o disposto nos §§ 1° a 3°.

2.5. Das Obrigações Acessórias:

Neste capitulo iremos tratar sobre a escrituração contábil aplicado ao MEI conforme (Lei Complementar n° 123, de 2006, art. 26, §§ 1° e 6°, inciso II).

I - fará a comprovação da receita bruta mediante apresentação do Relatório Mensal de Receitas Brutas de que trata o Anexo XII , que deverá ser preenchido até o dia 20 (vinte) do mês subsequente àquele em que houver sido auferida a receita bruta;

Modelos de relatório de faturamento:

RELATÓRIO MENSAL DAS RECEITAS BRUTAS	
CNPJ:	
Empreendedor individual:	
Período de apuração:	
RECEITA BRUTA MENSAL - REVENDA DE MERCADORIAS (COMÉRCIO)	
I - Revenda de mercadorias com dispensa de emissão de documento fiscal	R$
II - Revenda de mercadorias com documento fiscal emitido	R$
III - Total das receitas com revenda de mercadorias (I + II)	R$
RECEITA BRUTA MENSAL - VENDA DE PRODUTOS INDUSTRIALIZADOS (INDÚSTRIA)	
IV - Venda de produtos industrializados com dispensa de emissão de documento fiscal	R$
V - Venda de produtos industrializados com documento fiscal emitido	R$
VI - Total das receitas com venda de produtos industrializados (IV + V)	R$
RECEITA BRUTA MENSAL - PRESTAÇÃO DE SERVIÇOS	
VII - Receita com prestação de serviços com dispensa de emissão de documento fiscal	R$
VIII - Receita com prestação de serviços com documento fiscal emitido	R$
IX - Total das receitas com prestação de serviços (VII + VIII)	R$
X - Total geral das receitas brutas no mês (III + VI + IX)	R$
LOCAL E DATA:	ASSINATURA DO EMPRESÁRIO:
ENCONTRAM-SE ANEXADOS A ESTE RELATÓRIO:	
- Os documentos fiscais comprobatórios das entradas de mercadorias e serviços tomados referentes ao período;	
- As notas fiscais relativas às operações ou prestações realizadas eventualmente emitidas.	

O MEI fica dispensado da escrituração dos livros fiscais e contábeis, da Declaração Eletrônica de Serviços e da emissão da Nota Fiscal Eletrônica (NF-e), ressalvada a possibilidade de emissão facultativa disponibilizada pelo ente federado. (Lei complementar n º 123, de 2006, art. 2 º, inciso I e § 6 º ; art. 26, § 2 º)

Conforme nos mostra a lei o MEI esta dispensado de escrituração contábil porem a partir dos capitulo 3 irei demonstrar a necessidade de se manter os registro contábil e suas informações afim de garantir integridade das informações perante os princípios fundamentais da contabilidade, e sugerir um modelos de plano de contas que pode ser utilizado por qualquer empresa bem como escritório, mas sendo o principal foco do mesmo a orientação e uma sugestão da metodologia a ser adotada como controle seja gerencial ou fiscal trazendo como uma forma de padronização nas informações prestados aos entidades que dela podem se utilizar.

3. Princípios Fundamentais da Contabilidade X MEI

Principio da Entidade: segundo este princípio, o patrimônio da empresa (entidade não se Confunde com os dos seus sócios ou proprietários).

Por mais que muitos MEI tenham suas empresas junta a suas residências muitas das atividades necessitam de uma estrutura física seja ela a mais simples como estruturas mais complexas e por ter um CNPJ o MEI começa a incorporar bens no imobilizado a fim de garantir as atividades sendo assim ele ira constituir um patrimônio.

È de extrema importância separar o que é da empresa do que é do sócio (empresário Individual) mesmo que seja só uma pessoa no comando da empresa, pois assim em futuras ampliações ou ate mesmo a venda de seu micro empresa ele pode mensurar o que de fato é dele ao que pertence a empresa.

Sendo desta forma podemos ter as informações mais verídicas do crescimento ou da necessidade de investimento ou ate medir melhor os que são gastos com a atividade das com gastos pessoais.

Principio da Competência: De acordo com este principio, os efeitos das transações e outros eventos devem ser reconhecidos nos períodos a que se referirem, independentemente do recebimento ou do pagamento.

Apesar do MEI só precisar manter os registro em livro caixa os mesmo tem que fazer a declaração de receita bruta e este relatório sim se faz pelo regime de competência, pois é o que faturou e não o que recebeu ficando assim mais correta a apuração de receitas a serem demonstradas ao fisco.

Com grande pesar não conseguimos medir o real custo, pois não conseguimos mensurar tudo na competência para exemplificar as compra de mercadorias seja para matéria prima, revenda, ou consumo caso ele compre a prazo no caixa muitas vezes não ira aparecer no mês que ele realmente fez a compra e quando aparecer ira distorcer o custo, pois ira vir em parcelas e não o que exatamente comprou dificultando assim a mensuração de estoque.

Principio da Prudência: determina a adoção do menor valor para os componentes do Ativo e do maior valor para os do passivo, sempre que se representem alternativas igualmente validas para o registro contábil, isso se refletir diretamente no patrimônio liquido das empresas.

Este princípio pode não ter muito haver com os MEI já que os mesmos só registram pelo caixa suas atividades muito não tem qualquer tipo de controle ou calculo de custos, chamando a atenção para que seja criada uma contabilidade pra este tipo de enquadramento federal.

Principio da Continuidade: a Entidade continuara em operação no futuro, portanto, a mensuração e a apresentação dos componentes do patrimônio devem levar em conta esta circunstancia.

Como muitos Mei de hoje pode se tornar um simples no dia de amanha este principio vem reforçar a teoria pois se o MEI ira continuar as atividades com outro enquadramento federal faz-se necessário a correta contabilização dos componentes do patrimônio fazendo jus ao principio da entidade, pois assim quando desenquadrarem já iram ter estas informações de forma correta e confiável, pois na pratica muito chutam os valores pois nem se recordam mais quanto pagaram.

Tendo assim a em vista a real situação do seu ativo e passivo bem como seu patrimônio como um todo e seus imobilizados atualizados e depreciados de maneira correta bem como os seus custos devidamente mensurado e alocados.

Principio do Registro pelo valor original: através deste principio determina que os componentes do patrimônio dever ser inicialmente registrados pelos valores originais das transações, ou seja, pelo valor de aquisição (valor de entrada dos bens, direitos e obrigações), expresso em moeda nacional.

Este princípio cai por terra, pois no caixa que o mei monta muitas vezes o bens estão parcelado em varias parcelas alocando os valores em competência da qual não ocorreu.

Por isto se torna importante a boa contabilização das operações do MEI, pois mesmo sem muito movimento ou complexidade de controle as informações que os mesmo podem tirar de um contabilidade bem feita são as mais benéficas possíveis para a sobrevivência ou ampliação de suas atividades.

Principio da Oportunidade: Refere-se ao processo de mensuração e apresentação dos componentes patrimoniais para produzir informações integras e tempestivas, pois a falta de integridade e tempestividade na produção e na divulgação da informação contábil pode ocasionar a perda da sua relevância, por isso é necessário ponderar a relação entre a oportunidade e a confiabilidade da informação.

Como o próprio principia relata mensurar e apresentar informações que garanta sua integridade e tempestividade na sua parte contábil a fim de garantir a confiabilidade e oportunidade de o MEI explorar ela e ate utilizas para um financiamento bancário ou qualquer outra atividade que possa se utilizar as mesmas.

Lembro que hoje estamos em um mundo sedente pela informação e digo que o mei é muito importante pra garantir que nossos empreendedores possam ter acesso a uma serie de beneficio e como estão criando um volume expressivo em nossos pais aplicar as técnicas contábeis pra lhe ajudar nas tomadas de decisão ou ate mesmo na orienta.

Conforme lei 6.404/76 prevê a obrigatoriedade do planejamento tributário, por parte dos administradores de qualquer companhia, o artigo 153 diz "O administrador da companhia deve empregar, no exercício de suas funções, o cuidado e a diligencia que todo homem ativo e provo costuma empregar na administração dos seus negócios".

Talvez os mei não precisem de planejamento tributário, mas precisam administrar com zelo suas empresas para que possa obter um sucesso garantindo a sobrevivência e quem sabe ate a ampliação dos seus negócios.

3.1. Conceitos e Objetivo da Contabilidade.

A fim de justificar os princípios e conceitua lizado rapidamente o que objeto de estudo e conceitos sobre a contabilidade para podermos prosseguir com a criação do plano de contas.

CONCEITO DA CONTABILIDADE

Para Marion (1998), A contabilidade fornece uma grande quantidade de informações úteis para a tomada de decisões. Ela é um conjunto de conhecimentos, com princípios e normas próprias, com a função de registrar, auditar, demonstrar e analisar tudo o que ocorre no patrimônio das entidades, fornecendo informações e orientações sobre a composição e a variação do patrimônio, auxiliando na tomada de decisões.

A contabilidade desde o seu aparecimento é conhecida como um conjunto coordenado de conhecimento, com objetivo e finalidade definida, pois muitos lhe definem como arte e/ou ciência, sua aplicabilidade se de forma mais técnica, de acordo com a orientação seguida pelos doutrinadores. (Marion, 2002).

OBJETIVOS DA CONTABILIDADE

As funções da contabilidade são exercidas sobre o patrimônio da empresa, portanto, o patrimônio é o objeto da contabilidade.

> A contabilidade é uma ciência que tem por finalidade registrar e controlar todos os fatos administrativos das

empresas em geral, bem como demonstrar as variações qualitativas e quantitativas ocorridas no patrimônio, sob o ponto de vista econômico e financeiro. (Haussmann, 2001, p. 18).

Marion (2002) considera como objeto o patrimônio da entidade, este que pode ser descrito como o conjunto de bens, direitos e obrigações. Através do estudo do patrimônio e das suas variações, serão fornecidos elementos para que a administração da empresa conheça a consequência de todos os seus atos e as mutações patrimoniais sofridas.

4. Conceituação de Plano de contas.

Para um correto entendimento faz-se necessário a criação de um plano de contas como a proposta deste livro é sugerir um modelos simplificado pra embasado na ITG 1000, mas pra isto temos que partir do conceito.

Conforme Guia IOB de contabilidade parte 27 o Planos de contas é, na essência, um guia que norteia os trabalhos contábeis de registro de fatos e atos inerentes a empresa e serve de parâmetro pra a elaboração das demonstrações financeiras (ou demonstrações contábeis).

O plano tem por finalidade principal estabelecer normas de conduta para o registro das operações da organização e, na sua montagem, devem ser levados em conta três objetivos fundamentais:

a) Atender as necessidades de informação da administração da empresa:

b) Observar formato compatível com os principio de contabilidade e com a norma legal que regula a elaboração do balanço patrimonial e das demais demonstrações contábeis(ou seja, a Lei nº6.404/1976);

c) Adaptar-se tanto quanto possível as exigências dos agentes externos a empresa (Fornecedores, bancos, fisco, auditoria externa)e particularmente, as regras da legislação do imposto de renda. Na pratica a adaptação é feita quase que automaticamente.

Sendo assim o plano de conta deve ser um instrumento que o profissional possa consultar quando for efetuar os lançamentos contábeis, mas o plano de contas genericamente tido como um simples elenco de contas pode constituir na verdade um conjunto de normas que pode fazer descrição do funcionamento de cada conta.

4.1. Plano de contas simplificado

Conforme o Conselho Federal de contabilidade em sua Resolução n. 1.418/12 que aprova a Instrução Técnica Geral 1000 Modelo Contábil para Microempresa e Empresa de Pequeno Porte, o plano de contas, mesmo que simplificado, deve ser elaborado considerando-se as especificidades e natureza das operações realizadas, bem como deve contemplar as necessidades de controle de informações no que se refere aos aspectos fiscais e gerenciais.

O Plano de Contas Simplificado, apresentado no Anexo 4 desta Interpretação, deve conter, no mínimo, 4 (quatro) níveis, conforme segue:

Nível 1: Ativo;
Passivo e Patrimônio Líquido; e
Receitas, Custos e Despesas (Contas de Resultado).

Nível 2: Ativo Circulante e Ativo Não Circulante.
Passivo Circulante, Passivo Não Circulante e Patrimônio Líquido.
Receitas de Venda, Outras Receitas Operacionais, Custos e Despesas Operacionais.

Nível 3: Contas sintéticas que representam o somatório das contas analíticas que recebem os lançamentos contábeis, como, por exemplo, Caixa e Equivalentes de Caixa.

Nível 4: Contas analíticas que recebem os lançamentos contábeis, como, por exemplo, Bancos Conta Movimento.

Uma exemplificação dos 4 (quatro) níveis descritos no item 41 é a seguinte:

Nível 1 – Ativo

Nível 2 – Ativo Circulante

Nível 3 – Caixa e Equivalentes de Caixa

Nível 4 – Bancos Conta Movimento

4.2. Modelo de Plano de Contas.

Obedecendo as Orientações da ITG 1000 exposta acima foi adaptado um plano de contas simplificado para servir de base aos leitores que queiram implantar em suas empresas e/ou escritórios com intuito de parametrizar as informações e obedecer aos princípios fundamentais de contabilidade bem como desenvolver uma ferramenta que para um futuro podemos utilizar em substituição a declaração de faturamento existente.

Código	Descrição das Contas	Tipo
	MODELO PLANO DE CONTAS SIMPLIFICADO	
1.	**ATIVO**	
1.1	**ATIVO CIRCULANTE**	
1.1.1	**Caixa e Equivalentes de Caixa**	S
1.1.1.01	Caixa	A
1.1.1.02	Bancos Conta Movimento	A
1.2	**Contas a Receber**	S
1.1.2.01	Clientes	A
1.1.2.02	(-) Perdas Estimadas com Créditos de Liquidação Duvidosa	A
1.3	**Estoque**	S
1.3.01	Mercadorias	A
1.4	**Outros Créditos**	S
1.4.01	Títulos a Receber	A
1.4.02	Outros Valores a Receber	A
1.3	**ATIVO NÃO CIRCULANTE**	
1.3.1	**Realizável a Longo Prazo**	S
1.3.1.01	Contas a Receber	A
1.3.2	**Investimentos**	S
1.3.2.01	Consorcio	A
1.3.2.02	Outros Investimentos	A
1.3.3	**Imobilizado**	S

1.3.3.01	Terrenos	A
1.3.3.02	Edificações	A
1.3.3.03	Máquinas e Equipamentos	A
1.3.3.04	Veículos	A
1.3.3.05	Móveis e Utensílios	A
1.3.3.06	(-) Depreciação Acumulada	A
1.3.4	**Intangível**	S
1.3.4.01	*Softwares*	A
1.3.4.02	*Marcas e Patentes*	A
1.3.4.03	(-) Amortização Acumulada	A
2.	**PASSIVO E PATRIMÔNIO LÍQUIDO**	
2.1	**PASSIVO CIRCULANTE**	
2.1.1	**Fornecedores Nacionais**	S
2.1.1.01	Fornecedor	A
2.1.2	**Empréstimos e Financiamentos**	S
2.1.2.01	Empréstimos Bancários	A
2.1.2.02	Financiamentos	A
2.1.3	**Obrigações Fiscais**	S
2.1.3.01	SIMPLES NACIONAL SIMEI (DAS)	A
2.1.3.02	ICMS a Recolher	A
2.1.3.03	ISSQN a Recolher	A
2.1.4	**Obrigações Trabalhistas e Sociais**	S
2.1.4.01	Salários a Pagar	A
2.1.4.02	FGTS a Recolher	A
2.1.4.03	INSS dos Segurados a Recolher	A

2.1.5	**Contas a Pagar**	S
2.1.5.01	Telefone a Pagar	A
2.1.5.02	Energia a Pagar	A
2.1.5.03	Aluguel a Pagar	A
2.1.6	**Provisões**	S
2.1.6.01	Provisão de Férias	A
2.1.6.02	Provisão de 13º Salário	A
2.1.6.03	Provisão de Encargos Sociais sobre Férias e 13º Salário	A
2.2	**PASSIVO NÃO CIRCULANTE**	
2.2.1	**Financiamentos**	S
2.2.1.01	Financiamentos Banco A	A
2.2.2	**Outras Contas a Pagar**	S
2.2.2.01	Empréstimos de Sócios	A
2.3	**PATRIMÔNIO LÍQUIDO**	
2.3.1	**Capital Social**	S
22.3.1.01	Capital Subscrito	A
2.3.1.02	(-) Capital a Integralizar	A
2.3.3	**Lucros/Prejuízos Acumulados**	S
2.3.3.01	Lucros Acumulados	A
2.3.3.02	(-) Prejuízos Acumulados	A
3	**RECEITAS, CUSTOS E DESPEAS (CONTAS DE RESULTADO)**	
3.1	**RECEITAS**	
3.1.1	**Receitas de Venda**	S

3.1.1.01	Venda de Mercadorias P/Pessoa Fisica	A
3.1.1.02	Venda de Mercadorias P/Pessoa Juridica	A
3.1.2	**Receitas Financeiras**	S
3.1.2.01	Receitas de Aplicações Financeiras	A
3.1.2.02	Juros Ativos	A
3.1.3	**Outras Receitas Operacionais**	S
3.1.3.01	Receitas de Venda de Imobilizado	A
3.1.3.02	Receitas de Venda de Investimentos	A
3.1.3.03	Outras Receitas	A
3.2	**CUSTOS E DESPESAS**	
3.2.1	**Custos dos Produtos, Mercadorias e Serviços Vendidos.**	S
3.2.1.01	Custos dos Insumos	A
3.2.1.02	Custos da Mão de Obra	A
3.2.1.03	Custos Mercadorias Vendidas	A
3.2.2	**Despesas Operacionais**	S
3.2.2.01	Despesas Administrativas	A
3.2.2.02	Despesas com Vendas	A
3.2.2.03	Outras Despesas Gerais	A
3.2.3	**Despesas Financeiras**	S
3.2.3.01	Juros Passivos	A
3.2.3.02	Outras Despesas Financeiras	A
3.2.4	**Outras Despesas Operacionais**	S
3.2.4.01	Despesas com Baixa de Imobilizado	A
3.2.4.02	Despesas com Baixa de Investimentos	A
3.2.4.03	Outras Despesas	A

Fonte: Autor adaptação ITG1000

Como podemos observar no presente modelo podemos temos de forma simplificada um plano de contas e para atender a necessidade do fisco que permite a venda para consumidor final sem nota fiscal foi nas receitas divididos em Receitas para pessoa física que ira na delação de faturamento em nos itens 1 – IV – VII de dispensa de documento fiscal e nos itens II-V-VIII com emissão de Documento fiscal.

Outra particularidade foi na unificação da depreciação criar um controle de depreciação a parte pra ser lançado num total com o intuito de implicar a informação e obedecer aos princípios fundamentais da contabilidade citados no capitulo 3 deste livro, deixo como sugestão um modelo de controle de imobilizado e depreciação.

CONTROLE DO IMOBILIZADO / DEPRECIAÇÃO

Descrição do bem	Valor a Depreciar (R$)	Vida Útil (N° Meses)	Depreciação Mensal (R$)	Depreciação Anual (R$)	Período Mês/Ano
Prateleiras de Metal	375,34	120	3,13	37,56	01/2014

Conforme INSTRUÇÃO DE TRABALHO INT/VPCI N.º 004/2012 CFC segue uma tabela que pode ser utilizada como parâmetro nas apurações com as taxa anuais a ser controlado na planilha acima sugerida.

Tabela de Referencia		
Titulo	Vida Útil (Anos)	Taxa Anual
Edifícios	25	4%
Maquinas e Equipamentos	10	10%
Instalações	10	10%

Moveis e Utensílios	10	10%
Veículos	5	20%
Computadores e Periféricos	5	20%
Software	5	20%

Fonte: Autor adaptação INT/VPCI N.º 004/2012 CFC

A formula para calculo é simples o valor total das bem vezes o percentual residual explicando a tabela acima temos 375,34 X 10%= 37,56 de depreciação ai é só ir somando na conta depreciação acumulada ate completar a quantidade de vida útil em anos lembro que fiz o calculo simples e não detalhei a classificação, pois o foco aqui é demonstrar um modelo e não sua classificação contábil das contas.

5. Demonstrações Contábeis.

Sabendo-se que o MEI fica dispensado das declarações e seguindo no fundamento de que a contabilidade pode ser utilizada fornecer um grupo de informações uteis aos usuários internos e externos, iremos tratar neste capitulo sobre o balanço e o DRE embasados na ITG 1000 que tivemos muitas poucas mudanças sendo assim fica como uma sugestão de modelo padrão a ser seguidos a fim de tornar fácil a aplicação dos planos de contas desenvolvidos no capitulo 4 desta obra.

5.1 Balanços Patrimoniais

O Balanço Patrimonial nada mais é do que o conjunto de informações sobre a situação em que se encontra uma empresa num determinado momento sendo assim a conforme a IGT 1000 A entidade deve elaborar o Balanço Patrimonial, a Demonstração do Resultado e as Notas Explicativas ao final de cada exercício social.

Quando houver necessidade, a entidade deve elaborá-los em períodos intermediários.

Como as notas explicativas não é nosso objeto irão destacar os modelos da mesma e focar em um modelo de balanço patrimonial sendo assim a entidade dentro das regras disposta na ITG 1000 deve identificar os seus balanços da seguinte forma:

As Demonstrações Contábeis devem ser identificadas, no mínimo, com as seguintes informações:

- (a) a denominação da entidade;
- (b) a data de encerramento do período de divulgação e o período coberto; e
- (c) a apresentação dos valores do período encerrado na primeira coluna e na segunda, dos valores do período anterior.

Sendo assim Cabe ressaltar que na delação anual informada ao fisco você deve transmiti-la com e será vinculado ao CNPJ e só terá a informação do faturamento e mais nada com a implantação do Modelo abaixo proposto cria-se um padrão pra todas as informações excluindo o relatório de faturamento que o MEI deve fazer mensamente.

BALANÇO PATRIMONIAL
em 31.12.x1 e 31.12.x0
Expresso em R$

Código	Descrição	31.12.X1	31.12.X2	Código	Descrição	31.12.X1	31.12.X2
1	ATIVO			2	PASSIVO e PATRIMÔNIO LÍQUIDO		
1.1	CIRCULANTE			2.1	CIRCULANTE		
1.1.1	Caixa e Equivalentes de Caixa			2.1.1	Fornecedores		
1.1.2	Contas a Receber			2.1.2	Empréstimos e Financiamentos		
1.1.3	Estoques			2.1.3	Obrigações Fiscais		
1.1.4	Outros Créditos			2.1.4	Obrigações Trabalhistas e Sociais		
				2.1.5	Contas a Pagar		
				2.1.6	Provisões		
1.3	ATIVO NÃO CIRCULANTE			2.2	NÃO CIRCULANTE		
1.3.1	Realizavel a Longo Prazo			2.2.1	Financiamentos/Empréstimos		
1.3.2	Investimentos						
1.3.3	Imobilizado			2.3	PATRIMÔNIO LÍQUIDO		
1.3.3.06	(-) Depreciação			2.3.1	Capital Social		
1.3.4	Intangível			2.3.3.01	Lucros Acumulados		
1.3.4.03	(-) Amortização Acumulada			2.3.3.02	(-) Prejuízos Acumulados		
	TOTAL				TOTAL		

(*) As entidades que estão enquadradas no Simples Nacional ou MEI devem evidenciar os tributos na linha "Deduções de Tributos, Abatimentos e Devoluções". Neste caso, devem desconsiderar essas contas.

É através de análises nos balanços patrimoniais que se pode identificar e antecipar problemas, avaliar alternativas e, acima de tudo, identificar caminhos para fazê-la fortalecer-se e prosperar. (Marion, 2005).

Sendo assim pode-se afirmar que além de garantir um padrão nas informações de forma global este modelo da ITG 1000 adaptado serve pra vários usuários da informação, pois só podemos através deles garantir a integridade das informações aplicadas, mas lembro de que servira como parâmetro de pesquiso pois cada leitor pode adaptar para suas necessidade e seus preceitos a fim de deixar a informação o mais acessível e confiável possível.

5.2 Demonstrações do Resultado do Exercício.

A demonstração do Resultado do Exercício nada mais é que um resumo ordenado de forma vertical da qual as Micro empresas podem optar por fazê-lo de maneira sintética conforme instrução da ITG1000 em um período comumente adotado de 12 meses.

Sendo assim o modelos apresentado na ITG1000 foi adaptado muito que pouco, mais na partes dos tributos detalhado as receitas para com dispensa de uso de nota fiscal ou as operações que estão obrigadas a notas fiscais.

Código		31.12.x1	31.12.x0
3.	VENDAS DE PRODUTOS, MERCADORIAS E SERVIÇOS	R$ -	R$ -
3.1.1	Vendas de Produtos, Mercadorias e Serviços	R$ -	R$ -
	= RECEITA	R$ -	R$ -

3.2	(-) CUSTO DAS VENDAS	R$ -	R$ -
3.2.1	Custo dos Produtos, Mercadorias e Serviços	R$ -	R$ -
	= LUCRO BRUTO	R$ -	R$ -
3.2.2	(-) DESPESAS OPERACIONAIS	R$ -	R$ -
3.2.2.01	Despesas Administrativas	R$ -	R$ -
3.2.2.02	Despesas com Vendas	R$ -	R$ -
3.2.2.03	Outras Despesas Gerais	R$ -	R$ -
	= RESULTADO OPERACIONAL ANTES DO RESULTADO FINANCEIRO	R$ -	R$ -
	= (+/-) RESULTADO FINANCEIRO	R$ -	R$ -
3.1.2	Receitas Financeiras	R$ -	R$ -
3.2.3	(-) Despesas Financeiras	R$ -	R$ -
3.1.3	(+) OUTRAS RECEITAS	R$ -	R$ -
3.2.4	(-) DESPESAS OPERACIONAIS	R$ -	R$ -
	= RESULTADO LÍQUIDO DO PERÍODO	R$ -	R$ -

(*) As entidades que estão enquadradas no Simples Nacional ou MEI devem evidenciar os tributos na linha "Deduções de Tributos, Abatimentos e Devoluções". Neste caso, devem desconsiderar essas contas.

Sendo assim a forma correta de classificação se da partir dos princípios contábeis e fica amparado pelo art 187 da Lei das Sociedades por Ações.

§1º Na determinação do Resultado do exercício serão computados:

A) – *As receitas e os rendimentos ganhos no período, independente da sua realização em moeda;*

B)- *Os custos, despesas, encargos e perdas, pagos ou incorridos, correspondentes a essas receitas e rendimentos.*

Obedecendo ao artigo citado acima temos o principio da competência e dois princípios que pro DRE é de extrema importância.

1. Principio da Realização das Receitas.
2. Principio do confronto das despesas.

Pelo principio da realização das receitas são conhecidas no exercício em que são realizadas, ou seja, quando fornecimento de bens ou serviço em títulos a receber e o confronto com as despesas sempre que o correr deve ser demonstrados só quando forem efetuadas e não em seu a pagar ou despesas que irão acontecer.

Sendo assim podemos de forma simples só podemos executar suas receitas e despesas em momento que efetivamente ocorreram, pois os demais são fatores extemporâneos como contas a receber, e a pagar ou futuras despesas e receitas, reforçando assim a tese que toda empresa precisa de contabilidade e para o MEI podemos tirar ótimas informações através das demonstrações contábeis.

Sendo assim faz sem muito importante para os MEI a aplicação da contabilidade gerencial, pois podemos assim a partir do próximo capitulo elencar conceitos financeiro e informações sobre fluxo de caixa e a importância da contabilidade gerencial para os já que apesar de dispensada se faz justa a apresentação das informações de forma mais técnica e padronizado.

Com o exposto ate o momento podemos defender a teoria e a importância de sua aplicação e justificar de forma coerente baseado nos princípios fundamentais da contabilidade em conformidade com as leis vigentes no país que o modelo simplificado se faz necessário para as empresa.

6. Contabilidade Gerencial.

Uma vertente da contabilidade da qual se faz jus a total e qualquer empresa seja ela micro ou uma multinacional é a Contabilidade Gerencial, pois através dela podemos criar instrumentos para auxiliar na gestão da empresa.

Crepaldi (1998, p.18) define a contabilidade gerencial como o ramo da contabilidade que tem por objetivo fornecer instrumentos aos administradores de empresas que os auxiliem nas funções gerenciais. É voltada para a melhor utilização dos recursos econômicos da empresa, através de um adequado controle dos insumos efetuados por um sistema de informações gerenciais.

> O principal objetivo da contabilidade gerencial é suprir a necessidade da administração das empresas com informações que se encaixem de uma forma proveitosa no processo decisório do administrador (...) O sistema de contabilidade gerencial tem por finalidade refinar e apresentar de forma transparente, resumida e operacional dados esparsos contidos no

> registro da contabilidade tradicional, no sistema de custos, e em outros sistemas, bem como juntar tais informações com outros conhecimentos não especificamente ligados a área contábil, para suprir a administração em seu processo decisório. (Haussmann, 2001, p. 21).

Sendo assim podemos ter em mente que a contabilidade gerencial bem aplicada é uma ferramenta indispensável para empresas que querem prosperar neste mundo de uma decisão errada pode definir a sobrevivência ou não da empresa e se os empresários querem garantir seu espaço no competitivo mercado devem se adequar.

Como a contabilidade gerencial se utiliza de ferramentas desenvolvidas para cada empresa poder armazenar transformar e utilizar as informações da maneira que melhor lhe convém consequentemente ira criar um sistema de relatórios que se aplicarmos aos conceitos ou ate mesmo utilizar os exposto neste livro podemos usufruir de informações muito valiosas e podemos defender a tese que a contabilidade se faz indispensável pra qualquer empresa.

Com tudo temos que levar em consideração a contabilidade financeira que tem seu papel muito importante nas organizações sendo assim irá abordar de maneira mais especifica no próximo capitulo.

6.1 Contabilidade Financeira.

Segundo Iudícibus (1997), A contabilidade financeira tem como objetivo demonstrar a real situação econômica da empresa visando demonstrar isto ao publico externo como acionistas ou credores (bancos, financeiras) levando ao conhecimento de todos os interessados os resultados de suas tomadas de decisões.

> Contabilidade financeira: Condiciona às imposições legais e aos requisitos fiscais. É obrigada a seguir as normas e os dispositivos legais, que facilitam o posterior trabalho da auditoria, mas que podem mascarar e distorcer o uso da informação no processo de tomada de decisão empresarial. A contabilidade Financeira preocupa-se com o usuário externo da informação, como fisco, bancos, credores ou acionistas minoritários; (Bruni, 2006, p. 18).

A Contabilidade Financeira sempre trará informações baseado nas imposições legais atendendo assim às necessidades do fisco auxiliando a eventual auditoria, mas as informações geradas pela contabilidade financeira não é utilizada no processo gerencial, pois ela pode em algumas vezes distorcer algumas informações.

Faz-se Importante o Conhecimento da contabilidade financeira, como o MEI tem que gerar informações fiscais a serem apresentadas em sua declaração anual fica justa sua justificativa, pois a utilizamos os princípios fundamentais de contabilidade pra nortear nossos trabalhos à legislação pra validar e utilizar regras pra parametrização e a contabilidade gerencial pra estimular a correta interpretação e organização e a contabilidade financeira pra deixar de acordo os papeis de trabalho pra agilizar o processo de captação ou interpretação dos dados em futuras situações.

Como o MEI ao se desenquadrar para outro regime de tributação ele deve efetuar seu lançamentos contábeis e a própria legislação obriga o mesmo a manter um livro caixa bem como os suas demonstrações elabora em uma demonstração pré-definida, torna sim autossuficiente sua aplicabilidade com intuído de manter fidedigna a suas exigências fiscais.

Saindo da linha contábil e partindo pra linha da administração iremos trazer a partir do próximo capitulo conceitos de administração que serão importantes pra qualquer Micro empreendedor que queira manter seu negocio mais competitivo e demonstrar alguns modelos de relatórios que o próprio empresário pode desenvolver e interpretar sendo este os mais básicos e fundamentais na boa administração das empresas.

6.2 Relatórios Gerenciais.

Se efetuarmos pesquisas em sites de buscas iremos ter vários modelos e vários relatórios gerenciais a serem utilizados de várias formas, mas irei aqui neste capitulo tratar em especifico três principais contas a receber, contas a pagar e livro caixa, pois em minha concepção são indispensáveis para uma boa saúde financeira da empresa.

Uma dica simples, mas muito útil para que possamos ter uma boa analise ou extrair o melhor das suas informações é devemos visualizar os três relatórios como se fosse uma única coisa, pois conseguimos alimentar todo o sistema contábil exposto neste livro através deles.

Para que possamos entender melhor temos que ter em mente dois conceitos que considero primordiais para correta analise e lançamento dos dados o primeiro é dados econômicos e dados financeiros têm vários autores e obrar que defendem e o conceito, mas irei expor de maneira mais simples de interpretar.

Dados Econômicos: São todos os dados que ainda não aconteceram financeiramente exemplo: Venda a Prazo temos é um dado econômico devido ao fato deu ter vendido à mercadoria e não ter recebido o dinheiro "não tenho este dinheiro seja em conta, físico ou cheque" só tenho uma informação no meu relatório de contas a receber da mesma forma o contas a pagar.

Dados Financeiros: São todos os dados que já acontecerem e "de alguma forma pegue o dinheiro" exemplo: pagamento de uma mercadoria quando eu compro a vista ele se torna uns dados financeiros, pois o dinheiro saiu do caixa seja qual for seu método de pagamento, mas caso esta compra tenha sido a prazo idem dado econômico, pois assim a venda a prazo se torna um dado financeiro no momento em que eu recebo de alguma forma este dinheiro.

6.2.1 Relatório de Contas a Receber.

As contas a receber basicamente se compõem em todos os direitos que tenho, ou seja, são todas as vendas a prazo que irei a algum momento receber e podemos encontrar vários modelos e métodos abaixo um modelo disponível no Anexo XI da Resolução CGSN nº 94, de 29 de novembro de 2011. (art. 70).

NOME EMPRESARIAL										
CNPJ										
Data da Operação/Pretação	Numero(s)Do(s) Documento(s) Fiscal(is)	Valor Total	Quantidade parcelas	Numero de parcelas	Valor da parcela	Data do vencimento	Data do Recebimento	Valor Pago	Saldo a Receber	Valor Considerado Incobráveis
				1						
				2						
				....						
				n						
				1						
				2						
				....						
				n						
				1						
				2						
				....						
				n						
				1						
				2						
				....						

				n						
				1						
				2						
				....						
				n						
				1						
				2						
				....						
				n						

(1) observar o disposto no § 1º do art. 70 da Resolução CGSN nº 94, de 29 de novembro de 2011

Fonte: CGSN.94.2011.

Este modelo é o que a legislação e do simples nos da como referencia, mas para um analise financeira, como podemos verificar neste relatório temos todos os dados de forma fácil quando você ira receber o valor em quanto o campo de "valor pago" não for preenchido este relatório se tona econômico, pois partir do momento que o campo "valor pago" for preenchido com os devidos recebimentos este dado saído do mei a receber e deve ser escriturado no caixa, pois tivemos uma entrada de dinheiro tornando este dado financeiro.

Sendo uma dica importante quando iremos efetuar uma compra a prazo sempre olhar quando iremos ter dinheiro pra receber sendo assim podemos projetar os pagamentos das compra pra depois destes valores recebidos gerando sempre um caixa positivo e não iremos teremos um bom giro tendenciado para o equilíbrio financeiro evitando termos que buscar recursos de terceiros.

Outro fator que devemos prestar atenção é nos dados incobráveis ou duplicatas vencidas sempre que possível tentar negociar com os clientes para que estes valores nunca fiquem altos e você consiga receber, pois lembre que a receber não é dinheiro recebido, mas fica como sugestão e vai de cada empresário decidir oque é melhor pra sua empresa.

Podemos ainda no campo "valor pago" observar se o meu cliente pagou com atraso e sua frequência se seus clientes tiverem certa frequência significa que ele esta passando por alguma dificuldade e/ou capacidade de pagamento reduzida fator este que o empresário deve prestar atenção, pois além de termos um recebimento extra que é os juros é uma forte indicação de que este cliente poderá fica inadimplente.

Sendo assim estes pontos são primordiais para um bom andamento das contas a receber e com tudo manter este relatório em dia e atualizo podemos evitar dores de cabeças futuras lembra que existem vários modelos aceitos e varias teoria o minha dica é use o relatório que você mais se adapta, pois é só assim que você conseguirá compreender melhor os dados nele contidos.

Outra dica importante é prestar muita atenção nas datas, pois são elas que irão de certa forma organizar sua vida financeira e empresarial então se soubemos que nosso funcionários recebem no 5º útil do mês temos que programar os recebimento para alguns dias antes com isso chega na data e você tem dinheiro disponível pra pagar sua equipe e evita stress desnecessário em buscar vendas pra conseguir cumprir esta obrigação é um mero exemplo, mas se aplicado bem para todo o clico na empresa garante boa rotina de trabalho, pois você não pensa onde achar dinheiro mas sim o que fazer pra aumentar as vendas dentre outra coisas.

Abaixo um Modelo mais simples e comumente utilizado:

Cliente	Data venda	Valor da Venda	Numero do Documento	Data de Recebimento	Situacao do Documento	Valor Recebido
Exemplo	01/02/20xx	R$ 1.200,00	12	01/06/20xx	Pendente	
Exemplo 2	01/02/20xx	R$ 1.200,00	13	01/06/20xx	Recebido	1200

Fonte: Autor Observação valores meramente didáticos.

6.2.2 Relatório de Contas a Pagar

Contas a pagar é o oposto das contas a receber só que no caso de termos direito temos obrigações, ou seja, comprimidos a ser cumpridos com fornecedores ou algum tipo de financiamento ate mesmo salários, mas este relatório é de maior importância, pelo fato do mesmo organizar nossas dividas.

Sendo assim não existe modelo definido por lei, mas podemos utilizar o mesmo do item 6.2.1 das contas a receber com alterando os nomes de recebê-la para apagá-lo sendo assim trata-se também de relatório econômico, pois muito valor não acontecera não tiver o efetivo pagamento soa partir da saída do dinheiro é que iremos gerar dados financeiros saindo deste relatório devera constar no livro caixa.

NOME EMPRESARIAL										
CNPJ										

Data da Operação/Pretação	Numero(s)Do(s) Documento(s) Fiscal(is)	Valor Total	Quantidade parcelas	Numero de parcelas	Valor da parcela	Data do vencimento	Data do Pagamento	Valor Pago	Saldo a Pagar	Valor Considerado Abertos
				1						
				2						
				....						
				n						
				1						
				2						
				....						
				n						
				1						
				2						
				....						
				n						
				1						
				2						
				....						
				n						
				1						
				2						
				....						
				n						
				1						
				2						
				....						
				n						

Fonte: Adaptação CGSN.94.2011.

Neste relatório podemos ordenar nossas contas a pagar por dia e mês de vencimento sendo importante confronta-lo com o a receber, pois se tiver podemos projetar o a venda a prazo para o vencimento antes de alguma conta a pagar exemplificando: a empresa tem os salários de funcionários a ser pago no 5º dia útil do mesmo podemos e você verificou que não tem dinheiro disponível no caixa podemos promover alguma ação de venda pra que gere um a valor a receber pra antes deste período a fim de garantir a saúde financeira e não se preocupar em achar este valor.

Na coluna valor pago podemos identificar se conseguimos pagar as dividas em dia caso seja maior podemos identificar que tem juros e temos que programar melhor o uso do dinheiro, mas caso tenha um valor a menor pago pode nos mostrar que ganhamos algum desconto dos fornecedores.

O saldo a pagar se torna uma ferramenta útil a definir o quanto a empresa ira precisar captar de recursos a fim de cumprir todos os seus compromissos financeiros junto aos seus fornecedores evitando assim surpresas no momento que iremos ter que executar algum pagamento.

Nas colunas valores considerados em abertos são para contas que estão em atraso, ou seja, as empresas não conseguiram cumprir são pouco utilizados em relatórios, pois este informação é a mesma das contas a pagar com tudo podemos lapidar ela para períodos passados não conflitando com os períodos em presente analise.

Dica para um bom andamento o contas a pagar deve estar montado de forma que melhor vocês administrador se entenda, pois modelos e planilhas prontas existem um monte, mas se você não conseguir interpreta-las de maneira correta se torna difícil extrair alguma informação rápida e objetiva pra definir alguma tomada de decisão.

Abaixo uma modelo de contas a pagar de maneiras mais sintéticas e didáticas:

Fonecedor	Data Compra	Valor da Compra	Numero do Documento	Data de Pagamento	Situacao do Documento	Valor Pago
Exemplo	01/02/20xx	R$ 1.200,00	12	01/06/20xx	Pendente	
Exemplo 2	01/02/20xx	R$ 1.200,00	13	01/06/20xx	Pago	1200

Fonte: Autor Observação valores meramente didáticos.

6.2.3 Livro Caixa.

O livro na minha concepção é a melhor ferramenta e um dos relatórios mais importantes a ser utilizado pela empresa seja qual for seu porte, mas temos que ter em mente que no livro caixa trata exatamente de dados financeiros, pois já aconteçam com suas entradas e saídas de dinheiro com tudo a própria legislação tributária nos traz como obrigatório a sua apresentação e podemos ate tributar a empresa pelo mesmo.

Sendo o **Art. 16.** A base de cálculo para a determinação do valor devido mensalmente pela ME ou EPP optante pelo Simples Nacional será a receita bruta total mensal auferida (Regime de Competência) ou recebida (Regime de Caixa), conforme opção feita pelo contribuinte. (Lei Complementar n º 123, de 2006, art. 18, **caput** e § 3 º)

Com tudo para que possa ser atendido o regime de caixa a empresa deve atender as exigências do (Lei Complementar n º 123, de 2006, art. 70, **caput** e § 3 º) com tudo como o foco neste capitulo não é tratar de legislação e sim de técnicas e dicas para criação de um caixa.

No mundo globalizado temos vários modelos e ate planilhas prontas irei no decorrer do texto passar alguns sites que considero os melhores pra estar adquirindo esta planilha, mas a dica de deixo é o caixa é o reflexo das contas a pagar e a receber bem como recebe lançamentos bancários sendo assim deve-se utilizar o modelos que melhor se adapte, pois neste relatório não é permitido falhas ou ate mesmo má interpretação pelo simples fato de refletir a realidade financeira da empresa.

Movimento Caixa Junho de 20xx				
Data	Descrição	Entradas	Saídas	Saldo
Saldo de Abertura				R$ 500,00
01/06/20XX	Recebido duplicata nº 13 cfe. Exemplo 2 contas a receber	R$ 1.200,00	-	R$ 1.700,00
01/06/20XX	Pago Dupl. 13 Exemplo 2 Contas a pagar	-	R$ 1.200,00	R$ 500,00
Saldo Final do Dia A transportar				R$ 500,00

Fonte: Autos

O caixa acima demonstrado o saldo de abertura foi colocado hipoteticamente e os valores de entradas e saídas utilizados os exemplo das contas a pagar e a receber, mas vale reforçar que você encontra vários modelos com tudo exemplifiquei para de maneira mais didática.

Uma dica importante o saldo final do dia a transportar será o saldo de abertura no livro caixa no próximo dia sendo assim é de suma importância seu preenchimento diário ate mesmo pra saber o quanto de dinheiro a empresa tem realmente disponível naquele momento e os valores os valores ai contido já aconteceram dados financeiros.

Lembro que todos os modelos podem ser encontrados em livros pré-impressões em qualquer papelaria e podemos criar os mesmo no Excel, mas caso alguém queira algo pronto segue os seguintes site que tem disponível e para que quiser alguns sistemas de gerencial:

www.jmind.com.br
www.contaazul.com.br
www.bling.com.br
www.duobr.com.br

Existem vários outros só pesquisar e encontrar o que vocês melhor se agradem e ou adaptam porem utilizo este e indico pelo conhecimento pratico que tenho e pelas informações que obtive de algumas colegas que indique os mesmo.

7 Conceito de Custos

Neste capitulo iremos demonstra o conceito de custos sendo como principal foco a classificação do custo fixo e variável de maneira correta, pois são os dois que mais importantes que inspiram a maior atenção.

"Custos são valores monetários que as organizações sejam ela governamental ou privada tem que desembolsar a fim de obter receita" em tese temos que primeiro gastar para sim obter o retorno financeiro "riqueza" e na composição de custos temos dados misto de financeiros com econômicos, pois quando iremos fazer um orçamente temos dados econômicos que de fata ainda não acontecei, e quando executarmos este orçamente os dados são financeiros devido a compra dos matérias etc.

Sendo assim podemos basear os custos na seguinte logica olha o passado, basear-se no presente, e projetar o futuro a titulo de garantir por ventura quais quer imprevisto ou cortar operações que estejam minimizando os meus lucros os "chamados gargalos" existem métodos de cálculos que são o ABC, GECON,CUSTO META, CUSTO PADRAO ente outros aqui iremos demonstra e classificar os custos FIXO E VARIAVEIS.

7.1 Classificações de Custos Fixos e Variável

Custo variável: São os custos que não altera o valor de mercado em questão monetária, mas se alteram em questão de quantidade e/ou unidade produzidos sendo assim todos os produtos que sofre esta influencia são considerados variáveis, por exemplo, a matéria prima seu valor financeiro não muda, mas muda a quantidade quanto mais eu produzir mais matéria prima terei que utilizar.

Caso pratica uma fabrica que produz roupas se para produzir uma calça gosto 2 metro de tecido e o mesmo custam 2,50 os metros terão um custo de R$ 5,00 de tecido para produzir uma calça eu produzir duas gastarei 4 metro consequentemente meu custo será de R$ 10,00 reais

Custos Fixos: são os que não mudam independentemente seus o volume e quantidade de bens ou serviços produzidos exemplo o alugue do prédio da fabrica digamos que o aluguel custe R$ 1.000,00 reais por mês para o período de um ano observando os prazos no contrato ele não ira mudar sendo assim se eu produzir 1.000 peças ou nem uma tenho este custo.

Custos diretos: São todos os desembolsos monetário aplicados diretamente a produção sem que haja necessidade de rateios exemplo: matéria prima ela esta diretamente ligada a produção.

Custos indiretos: São os que precisam de rateio e não consigo mensurar diretamente ao produto exemplo salários da área administrativa e/ou aluguel do prédio onde comporte área operacional e administrativa junta.

Sendo assim a melhor forma de separar custos é se fizer as seguintes perguntas.

Utilizo direto ou indiretamente na produção?

Seu valor altera em relação à unidade produzida?

Estas dicas podem ser simples mas para quem não tem tanto conhecimento sobre o assunto será de grande valia e pra ajudar ainda mais podemos efetuar a criação de uma tabela com todos os custos envolvidos conforme modelo abaixo:

Descricao	Custo direto	Custo Indiretos	Custos Fixos	Custos Variaveis
Materia prima	X			X
Energia		X		X
Aluguel		X	X	
Mao de obra Producao	X		X	
Salario Adiministracao		X	X	

Manutencao maquinas		X		X
Impostos		X		X

Fonte: Autor

Com os modelos podemos visualizar todos os custos e seus rateios facilitando o entendimento e a separação cabe observar que acima classifiquei como variável indireta, mas para o caso do MEI é fixo Indireto pelo fato de o valor do imposto não se alterar com a quantidade vendida, pois e efetuarmos as duas perguntas proposta iremos automaticamente classificar sendo assim podemos partir para a colocação de valores.

Exemplo:

1º Compra de Matéria prima por R$ 1.000,00

2º Energia elétrica R$ 500,00

3º Aluguel R$ 1.000,00

4º Salários Produção R$ 5.000,00

5º Salários Administração R$ 2.500,00

6º Manutenção maquina R$ 250,00

7º Impostos R$ 37,20

Descricao	**Custo direto**	**Custo Indiretos**	**Custos Fixos**	**Custos Variaveis**
Materia prima	X			R$1.000,00
Energia		X		R$500,00
Aluguel		X	R$ 1.000,00	
Mao de obra Producao	X		R$ 5.000,00	
Salario Adiministracao		X	R$ 2.500,00	

Manutencao maquinas		X	R$ 250,00
Impostos	X	R$ 37,20	

Acima transcrevemos os valores para as colunas de custos fixo e variável podemos alimentar no direto e indireto sim podemos optei por não fazer isto pra não gerar duvidas na interpretação agora pra calcular os custos fixo e variável da empresa pode montar um relatório mais sintético e que será possível visualizar todos os itens de uma só vez.

Abaixo modelos que denominei de estrutura gerencial de resultados onde podemos colocar os custos e aas vendas os dados colocados no relatório abaixo são hipotéticos.

Mas as receitas a vista podemos tirar os dados do caixa e as vendas a prazo das contas a receber os custos cariáveis esta classificada e quantificada conforme item acima, bem como os custos fixos, o diferencial é que a margem de contribuição.

Sendo assim a margem de contribuição obedece a seguinte formula:

Total Item 1 – Total Item 2 = Resultado Item 3 que será o quanto sobrou pra pagar os custos fixo total item 4 que podemos prever se for menor iremos ter prejuízo se for maior podemos ter lucro considero este relatório para os empreendedores individuais de muita importância, pois de podemos sintetizar todas as informações de forma fácil a interpretação.

ESTRUTURA GERENCIAL DE RESULTADOS		
DISCRIMINAÇÃO	VALOR R$	%

1. Receita Total		9.101,00	100,00%
Vendas (à vista)		3.028,95	33,28%
Vendas (a prazo)		6.072,05	66,72%

2. Custos Variáveis Totais		3.755,22	41,26%
Previsão de Custos (Custo da Mercadoria + Custo do Serviço)		3.527,90	38,76%
Impostos Federais (PIS, COFINS, IPI ou SUPER SIMPLES DAS- MEI)		37,20	0,41%
Impostos Estaduais (ICMS)		0,00	0,00%
Imposto Municipal (ISS)		0,00	0,00%
Previsão de Inadimplência	2,00%	121,44	1,33%
Comissões		28,25	0,31%
Cartões de Crédito e Débito		40,43	0,45%
Outros Custos Variáveis		0,00	0,00%

3. Margem de Contribuição	5.345,78	58,74%

4. Custos Fixos Totais	2.222,98	24,43%
Mão-de-Obra + Encargos	0,00	0,00%
Retirada dos Sócios (Pró-Labore)	600,00	6,59%
Água	6,00	0,07%
Luz	50,00	0,55%
Telefone	239,98	2,64%
Contador	0,00	0,00%
Despesas com Veículos	0,00	0,00%
Material de Expediente e Consumo	160,00	1,76%
Aluguel	500,00	5,49%
Seguros	0,00	0,00%
Propaganda e Publicidade	615,00	6,76%
Depreciação Mensal	0,00	0,00%
Manutenção	0,00	0,00%
Condomínio	0,00	0,00%
Despesas de Viagem	0,00	0,00%

Serviços de Terceiros	0,00	0,00%
Ônibus, Táxis e Selos	0,00	0,00%
Outros Custos Fixos	52,00	0,57%

| **5. Resultado Operacional** | **3.122,80** | **34,31%** |

| **6. Investimentos** | **0,00** | **0,00%** |
| Financiamento | 0,00 | 0,00% |

Fonte: Autor

Deixei títulos de contas às quais não são necessários, mas pra titulo de exemplo e que basicamente todas as empresas tem, mas podemos alterá-las e/ou renomeadas para melhor maneira possível, pois venho reforçar que o relatório deve ser elaborado de maneira a qual o usuário consiga interpretar de maneira fácil suas informações.

Dica utilizar este relatório mensalmente, pois assim podemos tirar uma visão geral mensalmente dos custos "Relatório bom é aquele que utilizamos diariamente e não o que montamos e depois de algum tempo o esquecemos".

7.1.2 Ponto De Equilíbrio e Margem de Contribuição

O ponto de equilíbrio é uma tradução do inglês (**break-even-point**) muito utilizada por economistas e pessoas que convive no meio financeiro para equilibrar receitas totais com os custos e despesas relativas aos produtos vendidos de forma mais grotesca "é a quantia que preciso vender a um determinado preço para nem ter lucro e nem sair no prejuízo".

Ela é derivada de uma formula matemática a baixa exemplificada, mas para melhor entendimento temos que conhecer suas abreviações comuns mente utilizado.

CF – Custo Fixos
PE(PN) – Ponto de Equilíbrio (Ponto Neutro)
RT – Receita Total
CV – Custos Variáveis

Formula: PE (PN) = (CF/(RT-CV))X100

Cabe observarmos que devemos primeiro diminuir os custos variáveis da receita total pra dai sim dividir o resultado pelos custos fixos onde nos ira geral o resultado para melhor compreensão abaixo um exemplo:

Exemplo:

Partindo que uma empresa tenha os Custos fixos totais em R$ 100,00 e variável de R$ 150,00 compondo sua recita total de R$ 500,00 aplicando a formula teremos:

PE(PN) = (CF 100,00/(RT 500,00 – CV 150,00)x100
PE(PN) = (CF 100,00/350,00)X100
PE (PN) = 0,2857x100
PE(PN) = 28,57%

Sendo assim o ponto de equilíbrio seria 28,57% a chamada margem de contribuição onde é este percentual que ira garantir o que todos os custos despesas fixas seja pagas partindo deste preceito e aplicarmos este percentual no faturamento teríamos R$ 500,00 x 28,57%= R$ 142,86 este valor seria responsável por cobrir os custos fixos a fim de extinguir o prejuízo e acumular lucros em sua empresa.

Lembrete que o ponto de equilíbrio demonstrado é pra chegar à margem de contribuição ou a empresa em um calcula mais básico pode pegar na pressa pode pegar os o preço que o cliente sugeriu e aplicar a margem e verificar se você ira opte lucro ou prejuízo

Situação pratica: Você como administrador esta numa negociação e seu cliente oferta R$ 350,00 pelo produto observe aqui que os custos não mudaram ao efetuar o calculo (R$ 350,00 X 28,57% = R$ 100,00) Observou que o resulta não ira ter prejuízo, pois os custos fixos acima exemplificados são de R$ 100,00, mas caso seu cliente oferte R$ 250,00 ficaríamos no prejuízo, pois (R$ 250 X 28,57%= R$ 71,42) teríamos que desembolsar mais R$ 28,58 para cobrir os custos fixos.

7.1.3 – Formação de Preço MARK-UP

Como ate o presente momento falamos de custo e ponto de equilíbrio não podemos nos esquecer de como montar o preço de vendas neste capitulo iremos abordar de maneira objetiva o calculo do MARK-UP termo muito utilizado na economia, mas traduzindo de maneira simples nada mais é que um percentual aplicado sobre os custo afim de definir o preço final de venda com intuito de maximizar os lucros evitando se obter prejuízo operacional.

Existem dois cálculos de MARK-UP sendo o primeiro denominado de MARK-UP Divisor e o outro de MARK-UP multiplicado basicamente não se tem muita diferença entra os dois, pois na matemática final o resultado deve fechar sendo assim vamos a formula:

PV – Preço de Venda
CMV – Custo Mercadoria Vendida
I – Impostos

C- Comissão

CF – Custo Fixo

L - Lucro

Formula do Mark-UP Divisor.

PV = CMV/((100%-(%I+%C+%CF+%L))/100) *OBS: No Excel e nos cálculos temos que tirar os símbolo de % para o calculo fechar na formula considera-se a titulo de melhor ilustração.

Para melhor exemplificar iremos colocar dados aleatórios apesar do meio ter imposto fixo vamos considerar um percentual para melhor aprimoramento da técnica uma correta interpretação dos cálculos.

Dados para os Cálculos:

PV – ?

CMV – R$ 1.000,00

I - 4,50%

C – 7%

CF – 5%

L – 15%

Detalhamento do calculo:

PV = R$ 1.000,00/((100-(4,5+7+5+15))/100)

PV = R$ 1.000,00/((100-31,5)/100)

PV = R$ 1.000,00/(68,50/100)

PV = R$ 1.000,00/0,6850

PV = R$ 1.459,85

Podemos verificar no Mark-up divisor conseguimos obter o preço sugerido de venda a fim de obtermos os 15% de lucro desejado cabe lembrar que utilizamos os dados como se fosse um único item e os percentuais dos custos fixos bem como todo o resto podemos encontrar no Capitulo 7.1 - relatório estrutura gerencial de resultados.

Formula do Mark-UP Multiplicador.

PV = CMVX(1/((100%-(%I+%C+%CF+%L))/100)
*OBS: No Excel e nos cálculos temos que tirar os símbolo de % para o calculo fechar na formula considera-se a titulo de melhor ilustração.

Neste exemplo iremos utilizar os dados acima utilizados:

Dados para os Cálculos:

PV – ?

CMV – R$ 1.000,00

I - 4,50%

C – 7%

CF – 5%

L – 15%

Detalhamento do calculo:

PV = R$ 1.000,00 X (1/((100-(4,5+7+5+15))/100)

PV = R$ 1.000,00 X (1/((100-31,50)/100))

PV = R$ 1.000,00 X (1/(68,50/100)

PV = R$ 1.000,00 X (1/0,6850)

PV = R$ 1.000,00 X 1,45985

PV = R$ 1.459,85

Se verificarmos na formula só muda a maneira de calcular porem o resultado é o mesmo, mas a diferença é o divisor multiplica o índice pelo custo pra podermos chegar ao preço de venda sendo o inverso do divisor.

Bom munido para que pensava que a contabilidade para MEI é desnecessário espero ter mudado a forma de pensar e principalmente dos MEI que pela pouca cobrança ou falava de informação acabam não levando em conta que estão prejudicando a si mesmo como o crescimento de sua empresa, pois volto a repetir que o MEI de hoje pode ser uma multinacional de amanha.

Mas ai fica a pergunta por que ninguém se interessa em prestar alguma forma de orientação ou deixam os MEI no esquecimento à resposta é simples pelo fato do MEI não pagar mensalidade e suas declarações podendo eles mesmos fazer deixa inviável a prestação de qualquer tipo de serviço.

8. Controle de Estoques.

Muito comum escutar que os MEI não têm quaisquer tipos de controle de estoque pelo fato de serem empresas onde as empresas basicamente são compostas por uma só pessoa o dono sendo assim acham desnecessário sua anotações, mas ai que mora uma armadilha grande se não tivermos o correto controle podemos perder dinheiro e muitos.

Sendo assim como é uma empresa e baseados nos princípios fundamentais de contratilidade podemos ter sua correta mensuração e contabilização embasados na RESOLUÇÃO CFC Nº 1.170, DE 29 DE MAIO DE 2009 DOU 12.06.2009 mais especificamente na

CPC19. 20 que mostra todos os aspectos contábeis, com tudo iremos trata-los neste capitulo mais a parte gerencial com modelo de controle e as informações que podemos tira com este controle aprimorado.

Abaixo temos um modelo de planilha pra controlar o estoque, muito simples e pra fácil compreensão, contudo podemos ter vários modelos cabe o administrador encontrar um que melhor se adeque as realidade da sua empresa e qual melhor compreensão para seu preenchimento.

Posição Final do Estoque na Data: 31/01/20XX								
Código Produto	Descrição	Unid.	Qtd.	Preço Unit. Compra	Total	Data da Compra	Data de Vencimento	Fornecedor
M1010	Macarrão	UN.	10	R$ 1,50	R$ 15,00	01/01/20XX	01/06/20XX	Boa Massa
PP001	Conserva de Pepino	UN.	5	R$ 2,50	R$ 15,00	01/01/20XX	01/06/20XX	Puro Campo

Fonte: Autor

O relatório nos mostra a posição final do estoque em um determinado período para que não tem muita disponibilidade de tempo podemos gerar ele mensalmente aqui podemos verificar qual produto ira vencer para que possamos fazer alguma promoção afim de não perder o produto.

Podemos verificar quantos produtos temos no estoque assim de não comprar mais que o necessário para não empatar dinheiro em uma mercadoria que gira pouco o que tenha prazo de validade muito curto e se compara o estoque do período anterior podemos verificar se houve alguma variação no preço de compra seja para um aumento ou redução e qual o percentual para assim repassar ao seu preço final de venda minimizando os prejuízo.

Para os que têm interesse em controlar mais detalhadamente indicado seria controlar a cada operação para isso podemos moldar o modelo acima para uma planilha onde nos mostra o estoque real em determinado período.

Lançamento do Estoque Empresa Exemplo para o Leitor							
Lançamentos de compra pela nota do fornecedor							
Data compra	Numero da Nota	Código Produto	Descrição	Unid.	qtd.	vlr unit.	total
01/01/20XX	NF 51	PP1010	Pepino em Conserva	UN.	50	R$ 2,99	R$ 149,50
01/01/20XX	NF 52	MM22	Macarrão	UN.	100	R$ 1,56	R$ 156,00

Lançamentos de Vendas pelas Saídas Dos Estabelecimentos.							
Data da Venda	Numero da Nota	Código Produto	descrição	unid.	qtd.	vlr unit.	total
02/01/20XX	NF 555	PP1010	Pepino em Conserva	UN.	30	R$ 4,99	R$ 149,70
10/01/20XX	NF5555	MM22	Macarão	UN.	100	R$ 2,56	R$ 256,00

Posição do Etoque			
Codigo Produto	descrição	unid.	Saldo Final
PP1010	Pepino em Conserva	UN.	20
MM22	Macarrão	UN.	0

Dicas a planilha acima ser torna interessante par ao administrador se alimentarmos ela sempre que tivermos uma operação, pois assim podemos ter a posição real do estoque cabe observar que podemos montar de maneira simples e automatizada no Excel deixando o processo mais fácil, mas caso o empresário não queira alimentar ela a operação no fim do dia se torna interessante.

Aqui podemos saber quanto produtos temos no estoque ainda verificar o preço de compra e o de venda saber quais produtos tem mais giro podemos assim definir melhor o que comprar e programar promoções para os produtos que tenham pouco gira.

Como dito no começo o estoque apesar de muito não terem controle é uma ferramenta muito útil, pois é nele que se concentra a maior parte dos recursos financeiros sendo assim "estoque parado é dinheiro parado" é um pensamento que todos devem ter e começar a partir de agora a olhar e tratar com carinho os dados de sua empresa com isto encerrou os relatório que irão ajudar a vocês administrarem melhor suas empresas.

Iremos partir do próximo capitulo tratar de algumas ferramentas de marketing que o empresário pode utilizar de maneira gratuita seja qual o porte de sua empresa pelo simples fato delas serem gratuitas e atingirem um publica global, mas venho ressaltar que fica a cargo de cada empresa traçar a estratégia de marketing que melhor se adapta ou atinja seu público algo de maneira mais eficiente.

9. Facebook como Ferramenta de Marketing.

No mundo cada vez mais globalizado e informatizado temos a necessidade de nos comunicar com os nossos clientes de forma rápida e direta neste capitulo iremos tratar do Facebook como uma ferramenta de marketing, pois nele consta uma serie de relatório muito poucos explorados cabem ressaltar que existem varias ferramentas de marketing o whatsapp entre outra escolhe o Facebook por ser gratuito e disponibilizar os relatórios de maneira gráfica e bem didático aos usuários sendo deixarei algumas dicas de como interpretar os dados.

O conceito de marketing conforme Dias (2006, p.2), "pode ser entendido como uma função que cria continuamente valor para o cliente e gera vantagem competitiva duradoura para a empresa, por meio da gestão estratégica das variáveis controláveis de marketing: produto, preço, comunicação distribuição".

Partindo do conceito de marketing toda empresa seja qual for o porte e especialmente os MEI deve traçar uma estratégia de marketing, pois é uma ferramenta de gestão indispensável nos tempos modernos a estratégia de marketing em função da publicidade na opinião de Gabriel (2010, p. 33), "cada público requer uma estratégia especifica, um plano de marketing especifico, pois normalmente os objetivos com cada tipo de publico são diferentes, bem como suas necessidades e produtos que lhe atendem".

A publicidade Malanga (1979, p. 11) é: "conjunto de técnicas de ação coletiva no sentido de promover o lucro de uma atividade comercial conquistando, aumentando e mantendo clientes." Sendo assim sempre temos que ter em mente que "só é lembrado quem é visto", pois não adianta investir tudo em produto se ninguém conhece a sua empresa a publicidade por meio de um marketing ira lhe ajudar a sair do anonimato.

Assim, de acordo com Sant'Anna (2003), para influir na mente da massa, utiliza-se um dos fatores de influência ou uma combinação deles:

- Sugestão: uma ideia ou plano de ação que o indivíduo aceita incondicionalmente.
- Imitação: imitar as atitudes dos demais membros do grupo.

- Empatia: é o aspecto coletivo ou sentimental da sugestão-imitação.

Neste sentido, segundo Malanga (1979, p. 12), "a publicidade é comercial, paga pelo consumidor, dirigida à massa e apela para o conforto, prazer, instinto de conservação, etc".

Hoje nosso consumidor está cada vez mais conectados e dependentes da tecnologia e com isso podemos nos utilizar da internet como ferramenta de marketing mais direcionada conforme Cobra (1997, p. 186), escreveu que "a tecnologia muda muito no mundo inteiro, e há sempre uma pressão da inovação e do declínio sobre certos hábitos de consumo". E, Kotler (1999, p. 26), explicava que haverá "novos rumos para o marketing no novo milênio". E esse será o principal "avanço do mercado físico e virtual".

Sabemos que na era da internet não podemos deixar de fora as redes sociais e de acordo com Gabriel (2010, p. 194), "as redes sociais são estruturas sociais que existem desde a antiguidade e vem se tornando mais abrangentes e complexas devido a evolução das tecnologias de comunicação e informação" cabe ressalta iremos destinar este capitulo para o Facebook e suas ferramentas que pode ser utilizados como marketing.

> No entanto, é importante ressaltar que redes sociais têm a ver com pessoas, relacionamento entre pessoas, e não com tecnologias e computadores. Tem a ver com "como usar as tecnologias" em benefícios do relacionamento social. A essência das redes sociais é a comunicação, e as tecnologias são elementos catalisadores que facilitam as interações e o compartilhamento comunicacional. Enquanto as redes sociais primitivas eram limitadas no tempo, pela linguagem oral, e no espaço, pela geografia, hoje as redes sociais digitais online colapsaram as barreiras de tempo e espaço, podendo teoricamente abranger um

numero ilimitado de "amigos" ou relacionamentos. (GABRIEL, 2010 p. 194).

Para Gabriel diz (2010, p. 203), "cada *site* de redes sociais tem funcionalidades e características específicas, entender essas funcionalidades e o perfil dos usuários que os frequentam é essencial para planejar qualquer ação de marketing".

> É interessante notar que, da mesma forma que as pessoas participam de vários grupos sociais *off-line*, também tendem a participar de mais de um *site* de redes sociais *on-line*. Assim, é muito comum que uma pessoa que tenha perfil no *Facebook* também tenha conta no *Twitter* e *LinkedIn*, por exemplo. (GABRIEL, 2010, p.198).

Os principais *sites* de redes sociais no mundo hoje conforme Gabriel (2010, p. 203), são: "*Facebook, Twitter, Youtube e Flickr*". Ainda, de acordo com o mesmo autor, "uma pesquisa realizada pela empresa Anderson *Analytics*, em 2010, nos Estados Unidos, analisou a demografia e psicografia de usuários de redes sociais no *Facebook, MySpace, Twitter* e *LinkedIn* no mundo, além da sobreposição entre elas".

> Assim, os sites de redes sociais, como o *Facebook*, por exemplo, são plataformas que possibilitam, facilitam e potencializam a conexão de pessoas com outras pessoas, ampliando o alcance das redes sociais pessoais, e ferramentas de armazenamento e compartilhamento que alavancam o volume de mídias sociais criadas pelas pessoas. Assim, um *site* de redes sociais *on-line* é apenas uma plataforma tecnológica que favorece a atuação das pessoas para interagir e compartilhar conteúdos em suas redes sociais. Desse modo, fica claro que *Orkut, Facebook, Twitter* etc. não são redes sociais nem mídias sociais, mas sim plataformas de redes sociais e mídias sociais. As

> pessoas que utilizam das estruturas desses *sites* de redes sociais para compartilhar conteúdos são as redes sociais que transcendem os sites de redes sociais, pois o mesmo individuo de uma rede social especifica (por exemplo, à sua família) pode ter perfis e utilizar - se da plataforma de vários *sites* de redes sociais. (GABRIEL, 2010, p. 202).

Quanto às características e ou perfil dos usuários do *Facebook*, Gabriel (2010, p. 204), descreve o seguinte:

> *Facebook*-Usuários mais velhos e com melhor padrão de vida. Mais propensos a serem casados (40%), caucasianos (80%) e aposentados (6%), quando comparados aos usuários de outras redes sociais. Possuem a segunda maior média de renda (US$ 61 mil ao ano) e uma média de 121 conexões. Em geral, não há uma área especifica de interesse para esse grupo de redes sociais. Usuários extremamente fies:75% dizem que o *Facebook* é o *site* favorito e 59% que aumentaram o seu uso nos últimos 6 meses.

Gabriel (2010, p.193), também explica que "as redes sociais digitais são uma das formas de comunicação que mais crescem e difundem-se globalmente, modificando comportamentos e relacionamentos".

Sendo assim podemos através das ferramentas gráficas do Facebook delimitar nossa pesquisa ou tipo de publicidade irei demonstrar as informações mais importantes que podemos extrair dele porem estes dados são hipotéticos e criados temos aleatórios a titulo de exemplificação.

Primeiro os administradores podem delimitar suas região geográfica onde esta inserida logicamente que neste gráfico nos traz todas as que têm alguma curtida, mas pra delimitar a pesquisa e trazer pra realidade devemos separa as dez que mais tem acesso conforme demonstra o gráfico um:

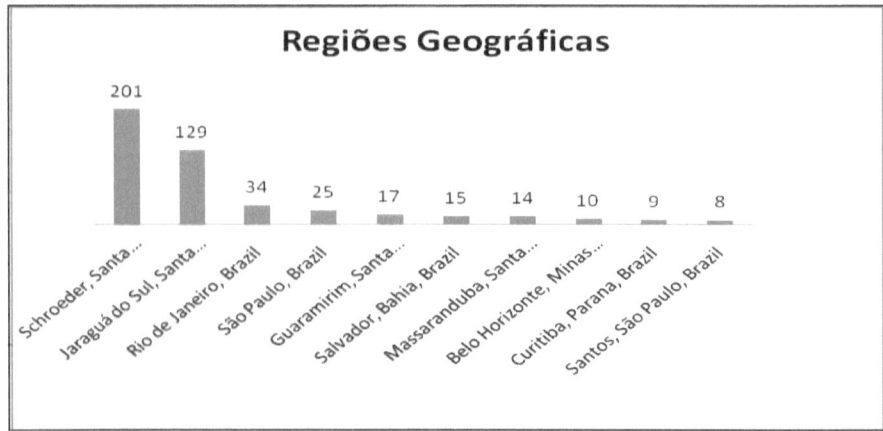

Fonte: Autor

Com isto podemos verificar que a cidade de Schroeder esta liderando o numero de acesso isso nos mostra que a empresa deve estar inserida nesta cidade ou esta fazendo um marketing mais intensivo nesta cidade, pois dentro deste gráfico podemos verificar quais são as cidades vizinhas e definir uma nova estratégia para tornar mais visível sua marca nelas.

Em um projeto mais ousado se o empresário tiver intensão de mudar a empresa ou abrir uma filial podemos extrair através dos dados acima qual seria mais favorável à implantação e estudar as suas culturas e costumes bem como efetuar uma pesquisa mercadológica de viabilidade a fim de minimizar a possibilidade de erros.

Se pensarmos que as cidades que tiveram menor curtida podemos ainda destinar algum marketing/publicidade local a fim de reforçar a marca bem como buscar novos clientes em potencial a estarem adquirindo seus produtos.

O próximo gráfico nos mostra o numero de curtidas que teve tais e tem maior aceitação no mercado sendo assim os dados foram extraído do sistema ente o dias 07/03/2014 a 14/03/2014:

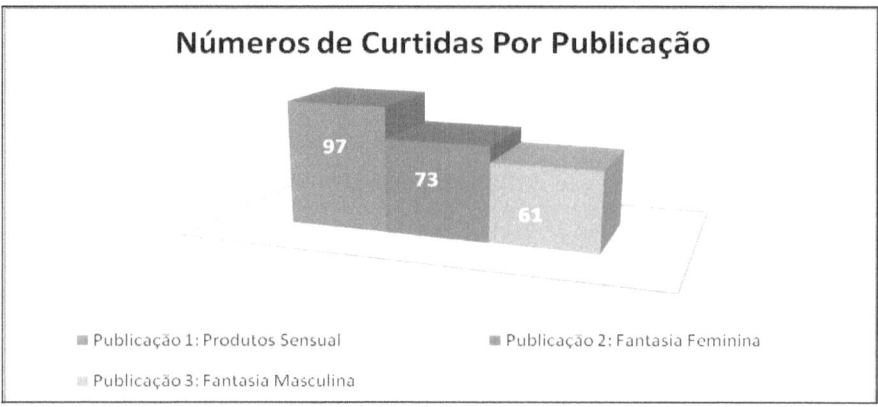

Fonte: Autor

Sendo assim este gráfico assim nos mostra todos os itens sendo assim separamos em três grandes grupos dos quais as a publicação de numero um produtos sensuais tiveram 97 curtidas e fantasias masculinas tiveram só 61 curtidas.

Através disto podemos efetuar alguma ação de vendas nos produtos que tem menor numero de curtidas e/ou comprar mesmo já que tem pouca aceitação no mercado com tudo seguindo este mesmo raciocínio podemos investir mais nos estoque de mercadorias que melhor aceitação e planejar as suas promoções bem como estimular a venda de um produto que tem pouco giro com um que tem maior giro a popular venda casada.

> Fatores que afetam o produto/negocio em função das variações da população humana em termos de tamanho, densidade, localização, idade, sexo, etnia etc. Cada publico requer uma estratégia especifica, um plano de marketing especifica, pois normalmente os objetivos com cada tipo de publico são diferentes,

bem como suas necessidades e produtos que lhe atendem. (GABRIEL, 2010, p. 34).

Para que os administradores tenha sucesso deve-se saber qual é o publico que sua empresa esta atingida e qual a sua faixa etária o

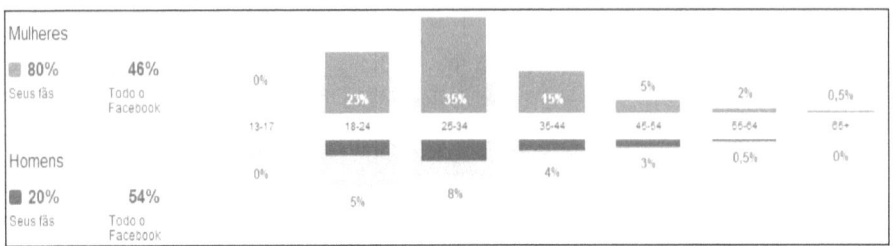

Fonte: Autor

Com podemos verificar acima que o publico feminino com idade ente 25 a 35 anos esta liderando com 35% dos acessos podemos assim verificar que temos faixa etária que não tiveram tantos acessos podemos assim definir as estratégia de marketing atingir estes grupos faltantes verificar algum produto especifico ou ate mesmo definir o foco de sua empresa delimitando a atender exclusivamente a tal faixa etária que tem mais retorno.

Através deste gráfico podemos verificar também um nicho de mercado verificamos que o publico masculino tem pouco acesso podemos então criar e/ou buscar uma linha de produtos especifica pra eles pra garantir mais receita e consequentemente mais vendas fica como sugestão "não deixe a dificuldade chegar pra começar a se mexer às vezes pode ser tarde demais".

Como o Facebook é uma ferramenta gratuita e sua empresa esta conectada 24 horas por dias durante 7 dias da semanas e como mundo todo acho muito interessante e útil os MEI se utilizarem desta feramente, pois ao abrirmos um negocio temos muitas dificuldades especialmente financeira e muitos esquecem ou não sobra pra investir em Marketing. Logicamente os tempos munda hoje é o whatsapp a sensação do momento, mas poder o nome e o aplicativo que for é gratuito basta ter vontade em utilizar que garanto o retorno será mais certeiro e com baixos custos.

O objetivo deste capitula é demonstrar aos leitores que o Facebook é pouco utilizado como este intuito, mas sim só pra se comunicar espero ter conseguindo justificar e achei de extrema importância citá-lo, pois ate os escritores mais antigos nos orientam de suas aplicações.

10. Capitalização Simples e Composta.

Neste capitulo irei tratar e exemplificar algumas das capitalizações sejam compostos e/ou simples, mas para que possamos dar continuidade temos que saber qual a diferença entre elas, mas como muitos dos MEI não têm conhecimento em HP irei demonstras as formulas para se calcular em calculadoras normais, cientifica, pois é mais baratas e todos os possuem "a calculadora de R$ 1,99 se utilizada correta é uma ótima ferramenta".

Capitalização Simples ou vulgo juros simples nada mais que uma taxa de juros aplicada diretamente sobre um determinado capital, pois a taxa varia em função do tempo e não incide sobre o próprio juro sendo assim se quisermos transformar uma taxa mensal em diária basta dividir por 30 dias e caso queira converter em anual basta pegar a taxa mensal e multiplicar por 12 meses segue exemplo para melhor compreensão:

No regime de juros simples, os juros de cada período são sempre calculados em função do capital inicial (principal) aplicado. Os juros do período não são somados ao capital para o cálculo de novos juros nos períodos seguintes. Os juros não são capitalizados e, consequentemente, não rendem juros. Assim, apenas o principal é que rende juros. (PUCCINI, 2004).

CALCULO DOS JUROS:

Valor dos juros é obtido da expressão: **J = C x i x n** onde:

j = valor dos juros
C = valor do capital inicial ou principal
i = taxa
n = prazo
M = montante final

Expressões pra conversão das taxa mais utilizadas para definir qual será o resultado final em função de um determinado tempo.

a.m significa ao mês
a.d significa ao dia
a.n significa ao ano

EXEMPLO DE APLICAÇÃO:

1 - Qual o valor dos juros correspondentes a um empréstimo de R$ 20.000,00, pelo prazo de 15 meses, sabendo-se que a taxa cobrada é de 3% a m.?

Dados:

C = 20.000,00
n = 15 meses
i = 3% a m.
j = ?

solução:
j = C x i x n
j = ((20.000,00 x 0,03 **(3/100)**) x 15)
j = ((20.000,00 x (0,03 x 15))
j = (20.000,00 x 0,45)
j = 9.000,00

2 - Um capital de R$ 50.000,00, aplicado durante 10 meses, rende juros de R$ 10.000,00. Determinar a taxa correspondente?

C = 50.000,00
j = 10.000,00
n = 10 meses
i = ?
solução:

i = J / C x n =
i = ((10.000,00/50.000,0) x10)
i = (0,20X10)
i = 2% ou 0,20 a.m (ao mês)

3 - Uma aplicação de R$ 100.000,00 pelo prazo de 180 dias obteve um rendimento de R$ 16.500,00. Indaga-se: Qual a taxa anual correspondente a essa aplicação?

C = 100.000,00
j = 16.500,00
n = 180 dias
i = ?
solução:
i = j / C x n
i = ((16.500,00 /100.000,00 x 180))
i = (16.500,00/18.000.000,00)

i = 0,00091667 ou 0,091667% ao dia
Taxa anual = 360 x 0,00091667 = 0,33 ou 33% a a (ao Ano)

Observe que as taxas resultantes dos calculo se da pela interpretação do calculo sendo assim temos sempre "conversar" com a equação parece coisa de maluco, mas não garanto que funciona exemplo:

1º Pergunta qual é o juros que irei receber?
2º Quanto tempo levarei pra pagar?
3º Qual a taxa?
4º A taxa é em dias, anos, mensal, bimestral e assim sucessivamente.

Só elenquei as quatro que considero as mais importantes e corriqueiras, mas nada impede que você possa criar mais, pois quando mais informação tiver sobre o calculo menor será suas duvidas e mais assertivo é o resultado.

Dica: se você efetuou um calculo pra achar a taxa juros exemplo acima numero dois, efetue o calculo pra saber qual o valor dos juros pagos exemplo número um "serve como prova real" pra tirar qualquer suspeita de erros.

Os juros simples são com toda certeza o método de capitalização mais utilizada exemplificando melhor quando nos clientes entramos em uma loja e compramos um produto e pedimos desconto o vendedor efetua o calculo direto, ou quando pagamos juros em um boleto de fornecedor à taxa escrita é cobrada em cima do valor total e varia conforme o tempo.

Em teso todos sabem efetuar este calculo de maneira direta, mas se colocar nas forma-las muitos irão se deparar com uma mostro de sete cabeças e na verdade o mistério esta dentro de nossas cabeças.

Uma regra que muito praticam é calcular os juros em cima de um valor com a capitalização composta e quando ofertam os descontos aos clientes efetua na capitalização simples, você deve estar se perguntando o porquê disto fácil no ao efetuar os descontos nos juros simples o valore é menor e aumenta os lucros da operação, pois para você que esta pasmo com esta informação ou não quer acreditar que é possível tire um tempo e aplique as formulas em uma determinada operação que terás a prova real.

Capitalização composta e/ou Juros compostos é oposto da capitalização simples, pois a taxa de juros incide sobre o montante aplicado acumulando juros sobre juros sendo assim esta taxa varia ocasionalmente em função do tempo, mas lembro de que a este cálculos são um pouco mais complexos que a simples pelo fato de requerer mais informações e atenção ao serem executados.

Lembro que as expressões são as mesmas utilizadas no sistema de capitalização simples feito estes avisos vão ao primeiro exemplo:

1- Calcular o montante de um capital de R$ 2.000,00, aplicado à taxa de 8% ao mês, durante 5 meses.

Dados:

C=2.000,00
n=5meses
i=8%aomês
M = ?

O quadro a seguir permite que visualizemos claramente o cálculo do montante, mês a mês.

Mês	capital inicio	juros cor.	montante final
(t)	mês (Pt)	mês (Jt)	mês (mt)
1	2.000,00	2.000,00 x 0,08 = 160,00	2.160,00
2	2.160,00	2.160,00 x 0,08 = 172,80	2.332,80
3	2.332,80	2.332,80 x 0,08 = 186,62	2.519,42
4	2.129,42	2.519,42 x 0,08 = 201,55	2.720,91
5	2.720,91	2.720,91 x 0,08 = 217,67	2.938,58

Acima podemos verificar de forma detalhada o montante de um empréstimo, ou seja, no final do quinto mês iremos ter pagado R$ 2.938,58 de empréstimo sendo deste um valor de R$ 938,58 só de juros com tudo este calculo é muito comum para empréstimos utilizados por instituições financeiras.

Este calcula torna-se inviável para operação como valores períodos muitos extenso, pois não conseguimos efetua-lo de forma rápida por isto podemos utilizar à calculadora HP12C vou demonstrar este calculo a titulo de comparação caso alguém tenha interesse em estar utilizando.

Na calculadora **HP12C** a simbologia é a seguinte:

PV = capital inicial
FV = montante
i = taxa
n = prazo/tempo/período

HP12C = 2.000,00 **CHS PV** 8 **i** 5 **n FV** = 2.938,58.

Nos juros compostos foi exemplificado o valor do montante devido ao fato de ser mais interresante e o calculo mais pratico de serem executados os demais cálculos apesar de serem úteis creio que a maior parte já pré-definidas como taxa, montantes, tempo, pois o interresante é sabermos o quanto temos a receber ou a pagar na sua totalidade.

11. Orçamento Empresarial.

Apesar de muitas literaturas implicarem em algo complexo e pouco explorado, pelos administradores de pequenas empresas o orçamento empresarial pode ser utilizado pelo MEI, pois se sabe que nele ira conter informações de como queremos que nossa empresa se comporte no futuro seja qual for sua projeção, mas lembre-se que se devem alimentar as planilhas "olhando no passado baseando-se no presente e estimar o futuro" assim conseguirá extrair as melhores informações para a gestão de sua empresa.

"Um orçamento é um plano financeiro que estabelece, da forma mais precisa possível, como se espera que transcorram os negócios de um departamento ou de uma empresa, geralmente num prazo mínimo de um ano." (PARSLOE; WRIGHT, 2001, p. 11).

Às vezes após o orçamento montado se deve acompanhar logicamente não conseguimos atingir exatamente os valores orçados, mas sua principal funcionalidade é servir de parâmetro, mas muitas vezes neste percurso tem que revisar os mesmo devidos alguns oscilações seja interna ou externa que influenciam na informação que se deseja extrair.

> Na dinâmica da atividade diária, muitas coisas acontecerão que podem não ter sido previstas no momento da preparação orçamentária. [...] e, mesmo que um objetivo seja atingido – o lucro, por

> exemplo – é quase inevitável que não seja atingido exatamente da mesma forma que foi planejada e incorporada nos orçamentos. Alguns departamentos respeitarão seus orçamentos, outros os excederão e ainda outros poderão sair totalmente deles. (PARSLOE; WRIGHT, 2001, p. 35).

O mais comum é se montar orçamento se departamentalizando a empresa, mas para o microempreendedor parece uma tarefa difícil pelo simples fato de o dono da empresa fazer todos os setores, contudo neste capitulo iremos desmistificar este pensamento e adaptar alguns modelos existentes bem como a criação de algumas técnicas para que se consiga montar um orçamento de forma fácil onde consiga ser utilizado pelos MEI de forma eficiente.

Como existem vários tipos de orçamentos divididos de varias formas como orçamentos globais, parciais, curto e longos prazos, periódicos e contínuos, flexíveis ou variáveis, não têm como foco a teoria deles e/ou suas diferenças, mas sim desenvolver algumas técnicas que incorporem muitas vezes um pouco de cada, pois objeto em questão é a montagem norteando para que os empreendedores individuais possam criar seus próprios modelos com pouco conhecimento e técnico extraindo o máximo dos seus conhecimentos cabe reforçar que todos eles conhecem e sabe fazer de maneira inconsciente "de cabeça" só não organizam ou registram os dados.

> [...] a simples consideração dos efeitos que podem ter sobre a reputação e os lucros da empresa, a falta da previsão adequada das suas disponibilidades e necessidades de Caixa, enfatizam a importância deste orçamento e a necessidade de que todos os esforços sejam mobilizados no sentido de obter o máximo realismo em sua preparação. (PASSARELI; AMORIM, 2003, p. 111).

Apesar de muitos autores classificarem e/ou considerarem o orçamento empresarial referente ao caixa como os últimos dos relatórios para o micro empreendedor Individual ele ira dentro da teoria defendida neste livro será o primeiro relatório que iremos exemplificar.

Itens	ORCAMENTO DE CAIXA												
	Jan	Fev	Mar	Abr	Mai	Jun	Jul	Ago	Set	Out	Nov	Dez	Total
1 – Ingresso (Entradas)													
- Contas A Receber													
- Venda a Vista													
- Vendas a Prazo													
- Receitas Financeiras													
- Venda de Imobilizado													
- Outras Receitas													
2 – Desembolsos (Saídas)													
- Contas a Pagar													
- Compras a Vista													
- Pró-labore													
-Despesas Administrativas													
- Despesas com vendas													
- Despesa Tributaria													
- Despesas Financeiras													
- Compra Imobilizado													
- Pagamento de Empréstimo													
- Outras Saídas													
3 – Diferença Período (Saldo) item 1-2													
4 – Saldos Inicial de Caixa													
5 – Disponib. Acumulada (Item 3-4)													

Fonte: Autor

A principal ideia no modelo acima foi demonstrar de forma simples a qual o mei pode elaborar seu orçamento utilizou-se o método direto, mas cabe ressaltar que os dados são estimados para nortear o empreendedor no futuro, pois assim pode-se determinar o equilíbrio financeiro da empresa pelo fato de englobar as despesas, receita, custo e saída fica a dica "é nas simplicidades do orçamento que se consegue evitar embaraços futuros" sendo assim recordo o macete utilizado olhar no passado basear no presente e projetar o futuro para assim ter dados coerentes.

Com os modelos acima demonstrados utilizaremos dados aleatórios a titulo de exemplificação do conteúdo, pois ressalto ainda que todas as informações necessárias para a obtenção dos dados já foram demonstrados em capítulos anteriores deste livro como, por exemplo, relatório e contas a receber, conta a pagar, saldo inicial/final do caixa empréstimo, imposto dentre outros cabe destacar que este relatório faz a junção de dados econômicos e financeiros conforme conceito visto no capitulo 6.2 deste livro.

Sendo assim iremos ter um saldo inicial de caixa no valor de R$ 500,00 vide capitulo 6.2.3 deste livro.

Conta a pagar no valor de R$ 1.200,00 vide capítulo 6.2.2 deste livro.

Contas a receber no valor de R$ 1.200,00 vide capítulo 6.2.1 deste livro.

Os demais dados como despesas administrativa/vendas, receitas, compra tributos vide capítulo 7.1 no relatório gerencial de resultados sendo assim iremos considerar estes dados como passado servira de base pra iniciarmos, pois o primeiro passo é utiliza-los para projetar o futuro.

1º Passo vão identificar todos os dados do nosso Ingresso (Entrada) dinheiro.

- Contas a Receber R$ 1.200,00
- Venda a Vista R$ 3.028,95
- Venda a Prazo R$ 6.072,05

2º Passo são demonstrar os desembolsos (Saídas) de dinheiro.

- Contas a Pagar R$ 1.200,00
- Compras a Pagar 3.527,90
- Pró-labore R$ 600,00
- Despesas Administrativas R$ 1.007,98
- Despesas com Vendas R$ 615,00
- Despesa Tributaria R$37,20
- Outras Saídas R$ 190,12

Sendo assim iremos projetar um aumento nas vendas à vista na ordem de 2% ao mês com um aumento das vendas a prazo de uma ordem de 1% ao mês estes se devem levar em consideração dados externos como datas comemorativas sazonalidades econômicas que o próprio MEI conhece e identifica dentro do mercado e segmento que esta inserido sendo assim as contas a receber 1% segue a mesma proporção e diminuição dos vendas a prazo.

O pró-labore terá um aumento na ordem de 8,6% conforme aumento do salario mínimo anual, Compras a vista terá um aumento na ordem de 1,5%, Despesas administrativas sofreram 1,60%, Despesas com Vendas 3,5%, despesas tributarias 8,60% como o mei o valor muda anualmente juto ao salário mínimo ficar estático para o ano, Outras Saídas terá um incremento de 2,5%, as Contas a pagar ira ter um acréscimo de 3,5% com os dados previamente identificados vamos agora alimentar a planilha.

ORCAMENTO DE CAIXA													
Itens	Jan	Fev	Mar	Abr	Mai	Jun	Jul	Ago	Set	Out	Nov	Dez	Total
1 – Ingresso (Entradas)	10.434,30	10.569,54	10.706,75	10.845,85	10.987,21	11.130,51	11.275,93	11.423,49	11.573,21	11.725,14	11.889,31	12.035,77	134.597,01
- Contas A Receber	1.212,00	1.224,12	1.236,36	1.248,72	1.261,21	1.273,82	1.286,56	1.299,43	1.312,42	1.325,55	1.338,80	1.352,19	15.371,18
- Venda a Vista	3.089,53	3.151,32	3.214,35	3.278,63	3.344,21	3.411,09	3.479,31	3.548,90	3.619,88	3.692,27	3.766,12	3.841,44	41.437,05
- Vendas a Prazo	6.132,77	6.194,10	6.256,04	6.318,60	6.381,79	6.445,60	6.510,06	6.575,16	6.640,91	6.707,32	6.774,39	6.842,14	77.778,77
- Receitas Financeiras													
- Venda de Imobilizado													
- Outras Receitas													
2 – Desembolsos (Saídas)	7.370,33	7.511,03	7.655,25	7.803,06	7.954,54	8.109,84	8.269,04	8.432,26	8.599,63	8.771,26	8.947,26	9.127,78	98.551,21
- Contas a Pagar	1.242,00	1.285,47	1.330,46	1.377,03	1.425,22	1.475,11	1.526,74	1.580,17	1.635,48	1.692,72	1.751,96	1.813,28	18.135,64
- Compras a Vista	3.580,82	3.634,53	3.689,05	3.744,38	3.800,55	3.857,56	3.915,42	3.974,15	4.033,77	4.094,27	4.155,69	4.218,02	46.698,21
- Pró-labore	651,60	651,60	651,60	651,60	651,60	651,60	651,60	651,60	651,60	651,60	651,60	651,60	7.819,20
-Despesas Administrativas	1.024,11	1.040,49	1.057,14	1.074,06	1.091,24	1.108,70	1.126,44	1.144,46	1.162,77	1.181,38	1.200,28	1.219,48	13.430,55
- Despesas com vendas	636,53	658,80	681,86	705,73	730,43	755,99	782,45	809,84	838,18	867,52	897,88	929,31	9.294,52
- Despesa Tributaria	40,40	40,40	40,40	40,40	40,40	40,40	40,40	40,40	40,40	40,40	40,40	40,40	484,80
- Despesas Financeiras													
- Compra Imobilizado													
- Pagamento de Empréstimo													
- Outras Saídas	194,87	199,74	204,74	209,86	215,10	220,48	225,99	231,64	237,43	243,37	249,45	255,69	2.688,36
3 – Diferença Período (Saldo) item 1-2	3.063,97	3.058,47	3.051,50	3.042,79	3.032,67	3.020,67	3.006,89	2.991,23	2.973,58	2.953,88	2.942,05	2.907,99	36.045,73
4 – Saldos Inicial de Caixa	500,00	2.563,97	495,00	2.556,50	486,29	2.546,38	474,29	2.532,60	458,63	2.514,95	438,93	2.503,12	
5 – Disponib. Acumulada (Item3-4)	2.563,97	495,00	2.556,50	486,29	2.546,38	474,29	2.532,60	458,63	2.514,95	438,93	2.503,12	404,87	

Fonte: Autor

No contas a receber observa-se que o valor é muito baixo em relação as vendas a prazo motivo este são os prozo neste caso podemos deduzir hipoteticamente que poucas as vendas foram maior que 30 dias, pois se ficar com o vencimento no mesmo mês acaba saindo do a receber e entrando no caixa.

As vendas a vista e prazo são basicamente os dados que o micro empreendedor pode utilizar a fim de planejamento de vendas, mas serve de alerta pro mesmo verificar quais períodos tiveram menos venda a vista pra que em um próximo ano chegar neste período e promover alguma ação de vendas pra estimular o crescimento das vendas à vista e uma diminuição do aprazo.

No contas a pagar consideramos todas as contas que estão em abertos, ou seja, basicamente as compras a prazo entre faturas que irão vencer em períodos destinado ao analisado exemplificando melhor se você faz a compra no dia 1 janeiro de 20xx e vence em 31 de janeiro de 20xx ele não ira aparecer no apagar e nem aumentar o saldo para fevereiro pelo fato de ter pagado e incorporado uma saída de caixa.

As compras a vista é uma conta que interessa muito e devemos verificar se comprar com período anterior e verificarmos que o caixa tem pouca liquidez deve-se negociar prazo, pois assim não comprometera o seu financeiro e evita problemas futuros.

Com a conta pró-labore (salario do MEI) considerei uma valor hipotético, mas oscila conforme as necessidades de cada empresário com tudo orientam a estipular um valor fixo pra melhor controle financeiro e não comprometer a saúde financeira da empresa e sempre efetuar aumento anual junto ao mínimo.

Como o MEI temo imposto fixa e sofre reajuste só quando tem aumento de salario mínimo podemos provisionar o mesmo anualmente, mas podemos lingar este aumento ao ajuste dos pró-labores.

O valor da conta outra saídas são valores que não estão previsto no contas a pagar ou ocorreu durante o exercício que a empresa não estava programada pra ter com tudo não acho interessante ter esta conta pelo fato de todas as operações destinarem a conta especificar, mas muitos casos tornam-se mais pratico que alocar nela, pois seu valor é de pouca representatividade e não afete a vida financeira da empresa.

Ao analisar o item cinco da planilha acima sempre se deve descontar o saldo inicial de caixa fato este que é o dinheiro que já temos e o saldo do mesmo se tornara o saldo inicial do próximo mês com tudo cabe ressaltar que se o valor ficar negativo demonstra a necessidade de captar um recurso financeiro de terceiro ou o próprio MEI deve injetar o capital próprio.

Sendo assim munido desta poderosa ferramenta pode se ter uma ideia de como a empresa ira se comportam em períodos futuros logicamente os dados contidos no mesmo serão definidos pelo empresário e depende de fatores externo da empresa, mas outro orçamento que temos monitorar constantemente é o de vendas, pois neles podemos estipular metas e verificar a sazonalidade bem como projetar ações especificar em determinados períodos estimulando o crescimento financeiro da empresa evitando antecipadamente problemas que irão surgir em datas de queda no faturamento.

> Se superestimado, esse orçamento pode gerar excesso de inventario de produtos acabados ou, no caso da produção ter sido detida a tempo, acarretara custos desnecessários associados com excesso de matérias-primas adquiridas ou excessos de mão-de-obra contratada. (PASSARELI; AMORIM, 2003, p. 52).

Sendo assim muitos microempreendedores individuais são em seu maior peso no segmento de serviços e comercio varejista muito ao contrario dos que pensão que o orçamento de vendas e só pra indústria eles mantem alguns produtos para venda seja incorporando nos serviço e/ou simplesmente revenda.

A todas as empresas devem utilizar esta palinha de orçamento, pois ela pode responder algumas perguntas que irei descriminar por segmento abaixo:

Para o setor de serviços/Revenda quais produtos têm que comprar? Quais produtos não precisam compra? E/ou qual serviço/Revenda estou fazendo mais pelo determinado produto que tenho que comprar.

No setor de serviço/Revenda quais produtos têm maiores venda? Quais os produtos têm mais venda?

Com a indústria segue o pensamento do varejista/Serviços qual a matéria prima/Mercadoria mais usada? Quais os produtos/Serviços têm investir mais para garantir a produção/Vendas? O que produzir/Revender em determinados períodos?

Período	ORCAMENTO DE VENDAS									
	PRODUTO X			PRODUTO Y			PRODUTO			TOTAL	
	Q	*PVu	Valor	Q	*PVu	Valor	Q	*PVu	Valor	Q	Valor
JAN											
FEV											
MAR											
ABR											
MAIO											
JUN											
JUL											
AGO											

SET										
OUT										
NOV										
DEZ										
TOTAL										

FONTE: Autor obs.(*) Preço Venda Unitário

A principal dica para o preenchimento desta planilha e verificarmos o histórico de vendas da empresa juntamente com datas comemorativas e/ou períodos de estagnação mercadológica a fim de evitar perdas ou comprar produtos desnecessários.

O orçamento de vendas esta interligado aos custos e pode evitar muitas complicações financeiras futuras pelo fato de conseguirmos determinar antecipadamente o custo de venda e seus custos de aquisição/produção e/ou Serviços/Revenda direcionando para informações precisas e assertivas.

12. Tecnologia na Gestão.

Como estamos vivendo em um mundo globalizado e sedente por informação cada dia mais se faz necessário busca por nova tecnologia especialmente na área de informática para as empresas que estão em pleno desenvolvimento esta é uma ferramenta quase que essencial, pois é através dela que conseguimos buscar e medir de maneira mais rápida e eficiente as informações.

O objetivo deste capitula não demonstrar da necessidade de comprar um sistema ou comparar se um e melhor que outro, mas alerto que todos os modelos planilhas demonstrar ate o momento foi executadas no Excel que em minha concepção e o melhor sistema que podemos usar pelo fato de ser popular só requer um pouco de conhecimento que podemos adquirir dedicando um pouco do nosso tempo a estuda-lo não posso ser fechado em meus conceitos e assumo que existem ótimos sistemas de gestão os tais ERP no mercado com preços justos.

Cada dia mais precisaram ter informações precisa em tempo real e se olharmos para evolução tecnológica o celular se tornou uma ferramenta muito difundida, pois nesta revolução temos tudo à mão deixando de ser um simples aparelho onde só fizemos e/ou receberam ligações bem como os SMS, temos nele uma network (rede de contatos) vinte quatro horas por dia onde temos como nos expressar em redes sociais sistemas que não precisam de grandes estruturas físicas para ser operado dando agilidade ao mundo.

> E, de fato, este o papel da tecnologia: fornecer informações com velocidade e precisão. Por esta razão, a condição mínima para que uma organização se torne competitiva e possuir sistemas de informações capaz de fornecer relatórios planilhas e gráficos precisos e no momento em que se fazem necessários. (DUARTE, 2009, p. 16).

Não quero transparecer a imagem de que devemos adquirir um sistema de gestão automatizado, mas lembrá-los que cada dia que passa o mundo se mostra mais competitivo independentemente o tamanhos da empresa fato que se tivermos as informações de forma organizada e de fácil acesso pode constituir uma grade diferencial, pois o sucesso começa pela organização dos papeis e sucessivamente.

Se observarmos a nossa volta ate nossos país esta na era tecnológica e cada dia mais o Fisco vem se utilizado de tecnologia para coibir a evasão fiscal uma prova é a nota fiscal eletrônica e os SPED, mas você me pergunta sou MEI o que tenho a ver com isso? A resposta é simples tudo, pois ao comprar de uma empresa de maior porte ela ira emitir uma nota fiscal eletrônica a sua empresa a mesma já passou ao fisco que manteve alguma operação comercial.

> Os fiscos, de maneira geral, têm aprimorado os seus sistemas de fiscalização. A partir dos seus próprios bancos de dados e também através do cruzamento de informações permutadas com outras esferas de poder, há um aumento substancial dos resultados no combate a evasão fiscal. (DUARTE, 2009, p. 28).

Ainda não termina por ai como esta empresa obriga a mandar os SPED onde esta detalhando todos os tributos, quantidades, valores, dados do adquirente os deixam munidos de informação e facilitando o processo de fiscalização, pois agora é só ele definirem alguns parâmetros e efetuar a chamada circularização de informação e pronto se aparecer alguma divergência ele vem verificar enloco por este fato o MEI fica obrigado a escriturar o livro caixa bem como a guarda dos documentos em uma possível averiguação dos dados sua empresa terá como se defender neste momento podemos ter a real noção de como as tecnologias esta avançada apesar de muitas reclamações e critica ela vai ajudar em muito as empresas.

Uma tendência que esta se tornando mundial e que ira ao longo dos anos se torna uma febre e que esta barateando os sistemas de gestão ERP é os bancos de dados nas nuvens, mas provavelmente você deve se estar perguntado o que é isso: Bem a resposta e simples e um sistema de computador onde iremos gerir nossa empresa e armazenar todos os dados on-line, pois não precisa de servidores e tudo mais basta ter acesso à internet.

Estes aplicativos On-Line se tornam uma grande opção ao Microempreendedor, pois eles não demandam tanto recursos financeiros e estrutura física garantindo agilidade na informação sendo que você pode estar em qualquer parte do mundo que conseguira verificar todas as operações em tempo real, se aplicar os conceitos e planos de contas desenvolvidos e exemplificado neste livro podemos ganhar muito competitividade na guerra mercadológica que este acontecendo.

Saliento aqui que não iremos trazer marcas, modelos e/ou nomes de sistemas para avaliar pelo fato de podermos jogar em aplicativos de busca na internet (Google) e encontrar explicações mais didáticas, mas defende-se a ideia de esta ferramenta para o MEI é uma ótima saída, pois podemos encontrar ótimas ferramentas com custo que variam de R$ 50,00 a R$ 250,00, valor este ínfimo, pois perdemos menos tempo com atualizações backup e tudo mais que temos de fazer em sistemas convencionais destinando este tempo ao gerencialmente do negocio.

Por mais que muitos microempreendedores não tenham interesse em estar adquirindo um sistema de gestão não quer dizer que o mesmo não tenha ferramental para sua gestão, pois muitos fazem quase tudo à medida que vai acontecendo os problemas e/ou determinada situação isto pode ser um fator positivo quanto negativo e pode definir se a empresa ira sobreviver ou não no mercado fica a dica aos caros amigos leitores "por que quebrar a cabeça se podemos nos utilizar da tecnologia para facilitar as vida e gestão empresarial".

Transcrevo aqui minha opinião sobre este capitulo não adianta reclamar e criticar se não buscarmos alternativas de conhecimentos ou maneiras diferentes de administrarmos o conhecimento e informações ficaremos fardados ao comodismo e consequentemente a uma desatualização, pois estamos num mundo globalizado onde a informação seda a cada momento e de varias formas independente o porte de sua empresa basta quere fazer.

Esta "Nova Era" é marcada pela enorme influencia das habilidades humanas no que diz respeito ao uso da tecnologia para se obtiver informação, analisa-la, sintetiza-la, interpreta-la e comunica-la; tanto no processo de geração de riqueza quanto de sua mensuração. (DUARTE, 2009, p. 31).

Caro leitor não pode ter medo do novo, pois será nele que conseguiremos definir a sobrevivência no mercado criando a tal sonhada vantagem competitiva ou sucesso tão esperado por vocês deixei ate o momento dicas sugestões por mais que seja difícil não custa fazer o teste lhe garanto que uma vez feito e entendido acabaras criando como rotina tornando fácil a compreensão do seu negocio.

Para Duarte (2009, p. 31) "Mais Importante do que possuir a tecnologia, é fazer bom uso dela. Isso nos torna mais competitivo enquanto profissionais empresas e nação".

Por mais que temos tecnologia sempre iremos contar com o fator humano para operar, alimentar, interpretar, mas para quem pretende em algum momento automatizar seus processos gerenciais ou ate mesmo adquirir um software seja qual for minha dica é a mais simples de "todas perca um pouco do seu tempo em avaliar os sistemas pergunte a pessoa que já utilizam e o principal compare, pois nem sempre o barato é o melhor" garanto-lhe que ira evitar tomar uma decisão errada ou tomar algum susto na hora de operar o mesmo diminuindo os riscos de que jogou o seu precioso dinheiro no ralo.

13. União faz a força!

Neste capitulo não trataremos de como as cooperativas são importantes ou o processo de abertura, pois o foco é discutir como a união de vários Micros Empreendedor Individual – (MEI) pode fortalecer ainda mais o crescimento econômico e reforçar o dito popular de "Junto podemos tudo, unidos podemos mais".

Existem hoje no Brasil várias associações comerciais, entidades de classe, mas vou elucidar especialmente as associações e o associativismo, pois é um movimento que tem grande representatividade no país e que esta modificando maneira da qual os empreendedores estão enfrentando a concorrência frete as dificuldades mercadológicas.

Para que possa dar mais confiabilidade elaborei algumas perguntas que fiz ao senhor Tiago Coelho Przwitowski Coordenador do Feirão do Imposto Estadual 2011 a 2013 – CEJESC, Coordenador Nacional do Feirão do Imposto 2011 a 2012 – CONAJE, Vice Presidente Regional Norte 2013 a 2014 – CEJESC.

1º qual a principal missão do associativismo?

Reposta: *Juntos fazer mais! Aglutinar pessoas visando melhorar o meio que este vive. A própria empresa, a política, o meio-ambiente, a política. Representatividade faz a diferença.*

2º O que falta para que a movimento associativista ganhe mais força no Brasil?

Reposta: *O Brasil é o país forte no que toca ao associativismo. Contudo, creio que a força maior viria naturalmente se todas as entidades se unissem em prol do bem em comum. Hoje muitas estão mais preocupadas em levar os "louros" do que propriamente de alcançar objetivos (o famoso ego).*

3º Quais as principais dificuldades que você identificou seja nas questões de apoio e/ou duvidas dos empresários a estar participando?

Reposta: *É uma questão de foco. Alguns não participam simplesmente por não identificar benefícios. Estes não sabem o que estão perdendo.*

4º Em sua opinião é importante o Micro Empreendedor Individual – (MEI) participar do associativismo quais benefício ele pode ter em participar?

Reposta: *Muito importante. Principalmente pelo fato de que estes, além de extraírem informações de cunho profissional, poderão crescer sustentavelmente. Adicione-se a isto ainda o fato de poderem brigar pelas muitas causas da micro e pequena empresa posteriormente.*

Transcrevo aqui o depoimento do senhor Tiago em sua trajetória dentro do associativismo.

Em 03/2010 me associei a ACIJS (Associação empresarial de Jaraguá do Sul), iniciativa esta que não via no meu emprego anterior (buscar relacionamento, expor a marca, etc.). Tão logo já fui apresentado pela entidade e outros (amigos, fornecedores, etc.) ao NÚCLEO DE JOVENS EMPREENDEDORES ACIJS/APEVI. Em 09/2010 já coordenava localmente o FEIRÃO DO IMPOSTO (que além da causa, me dava a oportunidade de expor meu conhecimento e opiniões acerca do problema – CARGA TRIBUTÁRIA).

Sendo o quarto da fila de sucessão, em 2011 me tornei o coordenador do NJE, onde executamos aproximadamente 50 ações previamente planejadas. Ao mesmo tempo, desde início do ano fazia parte do CEJESC (coordenando o Feirão em SC, onde fiquei até 2013) e da CONAJE (coordenação nacional do projeto, entre 2011 e 2012). Certamente esta exposição me trouxe crescimento por todo lado: fiz amigos, me capacitei, pude provar através do conhecimento que poderia ajudar. Assim, negócios surgiram e em 2012, por exemplo, 50% do faturamento provieram do meio (direto ou por indicação).

Como senhor Tiago elucidou ao participar da corrente associativista podemos ter vários beneficio e crescimento seja no seu lado empresarial como pessoal, pois se pode trocar experiência conseguir juntos a outros empresários que participam solução para um problema ou ate reenvidar alguma melhoria, mas que a única coisa que o associativismo pede é que você doe uma parte do seu tempo.

Tempo este que por sua vez muitos não abrem mão com tudo se olhar em prol de uma causa maior pode ser muito bem utilizado, pois nessas reuniões e/ou encontro promovidos quem sabe vocês não encontram um novo fornecedor, crie novas parceiras para seu negocio, faz novas amizade enriquecendo sua network.

Venho assim através do exposto ate o presente momento reforçar o dito popular de "que juntos podemos tudo, unidos podemos muito mais", pois no associativismo muito mais que uma união de pessoa é a união em prol de um bem maior que é o crescimento de suas empresas conhecimento pessoal através de conhecimento aplicado.

Pois cada membro que integra o associativismo tem experiências sejam elas boas ou ruins e compartilhar aos demais colegas servindo como dica ou ate mesmo pra verificar foi que ele errou ou qual o a deixa que ele transparece para o sucesso por fim concluo este capitulo mostrando e justificando o motivo do qual a união faz a força.

Referencias:

MARION, José Carlos. **Contabilidade básica**. 6. Ed. São Paulo: Atlas, 1998.

MARION, José Carlos. **Contabilidade rural:** contabilidade agrícola, contabilidade da pecuária, imposto de renda da pessoa jurídica. 8. ed. São Paulo: Atlas, 2005.

IUDÍCIBUS, Sérgio de; MARION, José Carlos. **Introdução à teoria da contabilidade.** 3. Ed. São Paulo: Atlas, 2002.

HAUSSMANN, Nilton. **Contabilidade gerencial em 10 aulas**. 18. Ed. Florianópolis: Plus Saber, 2001.

Disponível em: http://www.receita.fazenda.gov.br/Legislacao/LeisComplementares/2008/leicp128.htm em 10 de Novembro de 2014.

Disponível em: http://www.receita.fazenda.gov.br/Legislacao/LeisComplementares/2011/leicp139.htm em 10 de Novembro de 2014.

Disponível em: http://www.receita.fazenda.gov.br/legislacao/resolucao/2011/cgsn/resol94.htm em 10 de Novembro de 2014.

Conceituação In: Guia IOB de Contabilidade. São Paulo: PT, n.27, pp. 3, Novembro. 2002.

Disponível em: http://www.crcgo.org.br/downloads/resolucoes/ResolucaoCFC_%201418.pdf 02 de Outubro de 2014.
Disponível em: http://portalcfc.org.br/wordpress/wp-content/uploads/2013/04/CFC_INT_VCPI-004_2012_DEPRECIACAO_Final.pdf 02 de Outubro de 2014

CREPALDI, Silvio Aparecido. **Contabilidade rural:** uma abordagem decisória. 1. ed. São Paulo: Atlas, 1998.

HAUSSMANN, Nilton. **Contabilidade gerencial em 10 aulas**. 18. ed. Florianópolis: Plus Saber, 2001.

IUDÍCIBUS, Sergio de. **Teoria da Contabilidade**. 5. ed. São Paulo: Atlas, 1997.

BRUNI, Adriano Leal. **A contabilidade empresarial**. 3. ed. São Paulo: Atlas, 2006.

DIAS, Sergio Roberto. **Gestão de marketing.** São Paulo: Saraiva, 2006.

GABRIEL, Martha. **Marketing na era digital**. São Paulo: NovaTec, 2010.

MALANGA, Eugênio. **Publicidade: uma introdução.** Atlas, São Paulo, 1979.

SANT'ANNA, Armando. **Propaganda:** teoria, técnica e prática. 7 ed. São Paulo:Pioneira Thomson Learning, 2003

COBRA, Marcos. **Marketing básico**. São Paulo: Atlas: 1997.

KOTLER, Phillip. **Marketing para o século XXI.**São Paulo:Futura:1999.

PUCCINI, Abelardo de lima. **Matemática Financeira**: Objetiva e Aplicada. 7. Ed. São Paulo: Saraiva, 2004.

PARSLOE, ERIC; WRIGHT, RAYMOND. **O Orçamento**. São Paulo: Nobel, 2001.

PASSARELLI, JOÃO; BOMFIM, EUNIR DE AMORIM. **Orçamento Empresaria**l: Como elaborar e Analisar. São Paulo: IOB – Thomson, 2004.

DUARTE, Roberto Dias. **Big Brother Fiscal III**: O Brasil na era do conhecimento: como a certificação digital, SPED e NF-e estão transformando a gestão Empresarial no Brasil. ISBN: Cafélaranja Comunicação, 2009.

Sobre o Autor

Luiz Fernando Ehmke bacharel em ciências contábeis pela Faculdade Metropolitana de Guaramirim UNIASSELVI-FAMEG, com especialização em Gestão financeira e custos pelo Instituto Catarinense de Pós-graduação Leonardo Vincci- ICPG, analista contábil na empresa AM Contabilidade, empresário no segmento varejista, vice coordenador e coordenador financeiros do Núcleo de Jovens da Associação Empresarial de Schroeder – ACIAS e um dos fundadores do portal INMEI – Instituto da Micro Empresa e Empreendedor Individual, Professor de Curso profissionalizantes na INFOCOM.

Para você que é Micro Empresa ou empreendedor individual e quer ter maiores informações sobre este assunto e muitos outros acesso o portal: WWW.INMEI.ORG nele você pode efetuar consultas tirar suas duvidas e receber um conteúdo exclusivo através do nosso informativo diário participar de cursos e treinamento.

www.ingramcontent.com/pod-product-compliance
Lightning Source LLC
Chambersburg PA
CBHW020928180526
45163CB00007B/2926